子育て支援

新・基本保育シリーズ ⑲

監修
公益財団法人
児童育成協会

編集
西村 重稀
青井 夕貴

中央法規

新・基本保育シリーズ
刊行にあたって

　認可保育所を利用したくても利用できない、いわゆる「保育所待機児童」は、依然として社会問題になっています。国は、その解消のために「子育て安心プラン」のなかで、保育の受け皿の拡大について大きく謳っています。まず、2020年度末までに全国の待機児童を解消するため、東京都ほか意欲的な自治体への支援として、2018年度から2019年度末までの2年間で必要な受け皿約22万人分の予算を確保するとしています。さらに、女性就業率80％に対応できる約32万人分の受け皿整備を、2020年度末までに行うこととしています。

　子育て安心プランのなかの「保育人材確保」については、保育補助者を育成し、保育士の業務負担を軽減するための主な取り組みとして、次の内容を掲げています。

・処遇改善を踏まえたキャリアアップの仕組みの構築
・保育補助者から保育士になるための雇上げ支援の拡充
・保育士の子どもの預かり支援の推進
・保育士の業務負担軽減のための支援

　また、保育士には、社会的養護、児童虐待を受けた子どもや障害のある子どもなどへの支援、保護者対応や地域の子育て支援など、ますます多様な役割が求められており、保育士の資質および専門性の向上は喫緊の課題となっています。

　このような状況のなか、2017（平成29）年3月の保育所保育指針、幼稚園教育要領、幼保連携型認定こども園教育・保育要領の改定・改訂、2018（平成30）年4月の新たな保育士養成課程の制定を受け、これまでの『基本保育シリーズ』を全面的に刷新し、『新・基本保育シリーズ』として刊行することになりました。

　本シリーズは、2018（平成30）年4月に新たに制定された保育士養成課程の教科目の教授内容等に準拠し、保育士や幼稚園教諭など保育者に必要な基礎知識の習得を基本に、学生が理解しやすく、自ら考えることにも重点をおいたテキストです。さらに、養成校での講義を想定した目次構成になっており、使いやすさにも配慮しました。

　本シリーズが、保育者養成の現場で、保育者をめざす学生に広く活用されることをこころから願っております。

公益財団法人　児童育成協会

はじめに

　日本は少子高齢社会のなかで、核家族化や都市化の進行、女性の社会進出や夫婦共働きが増加し、保育ニーズも多様化した。同時に、地域や家庭の子育て機能が低下し、子育てをする保護者の孤立感や育児不安が増大し、児童虐待の増加にも結びついているといわれた。このような状況をふまえて、国は地域や家庭の養育機能の向上を図ることを緊要の課題と考え、1995（平成7）年から地域子育て支援センター事業を開始した。その後も、すべての保育所の保育相談等の実施を努力義務とする、保育士の業務に子どもの保護者からの保育に関する相談を受け、助言をする業務を加えるなど、児童福祉法の改正が重ねられていった。2006（平成18）年には、就学前の子どもに関する教育、保育等の総合的な提供の推進に関する法律の制定によって認定こども園が創設され、地域の子育て家庭の支援が義務づけられるなど、子育て支援の拡充が図られた。このような保護者支援・子育て支援に関する制度等の展開をふまえ、2008（平成20）年には保育所保育指針が改定され、保護者支援に関する内容が明確化された。それにともない、保育士養成課程の科目等も見直され、2011（平成23）年から新しいカリキュラムとなった。そこでは、保育士の専門性を生かした保護者支援を学ぶための新規科目として「相談支援」や「保育相談支援」が設置された。

　そして近年では、児童虐待をはじめ貧困やDVなどの特別なニーズを有する家庭の増加により、子どもや保護者の身近にある保育所等は、より多様で複雑な子育て家庭のニーズにも対応することが求められるようになった。これらの社会情勢をふまえ、保育所保育指針は4度目の改定となり、2018（平成30）年4月から施行された。今回の改定では、子ども・子育て支援新制度の施行等を背景に、子育て家庭の多様なニーズに対応するため、地域での子育て支援にたずさわるほかの機関や団体などさまざまな社会資源との連携や協働を強めることが求められ、名称も「保護者に対する支援」から「子育て支援」に変更された。同時に国は、保育士養成課程等検討会を立ち上げ、実践力のある保育士の養成に向けて、2017（平成29）年5月から保育士養成課程の見直しの議論を重ね、2019（平成31）年4月から施行することになった。新しいカリキュラムでは、先の「相談援助」や「保育相談支援」の内容が整理され、「子育て支援」という新たな科目となった。

　上記のような変遷から、本書は、改定された保育士養成課程の教授内容に基づき「基本保育シリーズ　第19巻　保育相談支援」の内容を改訂する形で作成されている。教授内容における「子育て支援」の目標は以下の通りである。

1．保育士の行う保育の専門性を背景とした保護者に対する相談、助言、情報提供、行動見本の提示等の支援（保育相談支援）について、その特性と展開を具体的に理解する。
2．保育士の行う子育て支援について、さまざまな場や対象に即した支援の内容と方法および技術を、実践事例等を通して具体的に理解する。

　「子育て支援」の領域は、学生のみなさんにとって、養成段階で経験を積むことや具体的な場面を想定することが難しいかもしれない。そのため、本書では、可能な限り多くの事例を取り入れるだけではなく、みなさん自身で自主学習（つまり、実践に即した考えを深めること）ができるような演習課題を設定し、その結果を他者と共有する方法（グループ討議、クラスでのまとめ）へと展開する過程を重視している。1つの考えに固執することなく、多角的な視点をもつことができるように意識しながら取り組んでほしい。

　さらに、養成段階にいる学生だけでなく現場の保育者の方々にも、日々の支援の振り返りをするツールとして本書を活用していただくなど、子育て支援における保育者の資質向上に役立てていただけたら幸いである。

2019年1月

西村重稀・青井夕貴

本書の特徴

- 3Stepによる内容構成で、基礎から学べる。
- 国が定める養成課程に準拠した学習内容。
- 各講は見開きで、見やすく、わかりやすい構成。

Step1 レクチャー

基本的な学習内容
保育者として必ず押さえておきたい基本的な事項や特に重要な内容を学ぶ

Step2

演習 保育所に通っていない子どもの保護者支援について考えてみよう

課題

ここでは、保育所に通っていない子どもの保護者に対する支援のうち、園内解放を行う場合、どの場所（保育室、屋内遊戯室、園庭など）で、どんな設備や玩具などを準備するか。どんなプログラムを作成するかなどを考える（なお、子どもの年齢は1歳から2歳の子どもと保護者を想定する）。

進め方

下記のことを保育所等で、実施する場合の計画等を考える。
① 保育所の保育室、屋内遊戯室、園庭では、どんな遊具、設備や玩具、絵本があるか、危険なところがないか調べる
② 保育指導する場合、保育室、屋内遊戯室、園庭ではどんなことができるか調べる
③ 保育室、屋内遊戯室、園庭では何組の親子が入れるか。実施する場合、何組の親子を想定するかを考える
④ 実施する場所での職員の配置、準備物、プログラム、注意することなどについて考える

Step1

1. 保育所保育と家庭育児について

子どもが就学するまでの家庭での子育てを「育児」、これに対して家庭内育児を社会化したもので、保護者と保育の専門家である保育士等が協働して行う子育てを総称して「保育」と呼んでいる。

現代社会においては、親が子どもの養育の第一義的責任者であるが、親だけでは子育てが完結できない状況にある。そのため国は児童福祉法第2条「子育ての責任」において「国及び地方公共団体は、児童の保護者とともに、児童を心身ともに健やかに育成する責任を負う」と規定しているため、子育てに関しては保護者のみに責任を負わせるのではなく、国や地方公共団体にはそれらを支援する公的責任があることを明記している。つまり、公的責任で家庭での養育を保育所で支援することを「保育所保育」と呼んでいる。ここでは「保育所保育」のことを「保育」と定義する。

2. 保育の特性について

保育について主なものを記載する。

(1) 子どもの心身の発育・発達に関した専門職による保育

2018（平成30）年4月から施行された保育所保育指針第1章「総則」1「保育所保育に関する基本原則」の(1)「保育所の役割」のイ「保育所はその目的を達成するために、保育に関する専門性を有する職員が、家庭との密接な連携の下に、子どもの状況や発達過程を踏まえ、保育所における環境を通して、養護及び教育を一体的に行うことを特性としている」と記載されている。すなわち、保育所は子どもの健全な心身の発育・発達を図ることを目的とした施設であるとともに子どもはさまざまな人と出会い、かかわりながら成長するために乳幼児にふさわしい生活の場である。そのため、保育所には子どもが健全な心身の発育・発達に必要な知識・技術をもった保育士や調理員などがその専門性を発揮して保育にあたっている。

(2) 保育は保護者とともに子どもを育てる営み

保育士は子どもの一日を通した生活を視野に入れ、保護者の気持ちに寄り添いながら家庭との連携を密に保育を行っている。そして、乳幼児期の子どもの育ちを支えるとともに、保護者の養育姿勢や力が発揮されるよう、保育所の特性を生かした支援を行う。

(3) 子どもの心身の発達過程をふまえた保育

保育所では子どもの発達を年齢で画一的にとらえるのではなく、子どもの育つ道筋やその特徴をふまえ、発達の個人差を配慮して個別にていねいにかかわるために、発達のプロセスを大切にしている。

(4) 環境を通して行う保育

子どもはさまざまな環境との相互作用により発達していくため、子ども一人ひとりの状況や発達過程をふまえ、計画的に保育環境を構成する。

(5) 安全で保健的な環境

子どもを保育するための施設・設備などを整備するとともに、保健的環境や安全に努めている。また、子どもの健康と安全を守るため、全職員が常に心を配り、子どもが安心、安全に過ごせる環境を整えている。

(6) 人とのかかわりを育む環境

子どもは、身近な子どもや大人の影響を受けて心身の成長・発達をする。そのため、同年齢の子ども同士の関係、異年齢の子どもとの関係、保育士等との関係、地域のさまざまな人とのかかわりなどによってさまざまな感情や欲求が生まれてくる。このようなことを考え、保育所では保育を行い、子どもの心情・意欲・態度を養っている。

(7) 保育は養護と教育の一体性

養護と教育を一体的に展開するということは、保育士が子どもの最善の利益を守り、また、一人の人間として尊重し、その命を守り、情緒の安定を図りつつ、乳幼児期にふさわしい経験が積み重ねられるように支援する。

以上が、保育所で行われている主な保育であり、これらのことをふまえて、保護者が必要とする子育て支援を行う。

3. 保育士の業務について

2．で記載した保育の特性をふまえ、保育士は子どもを一人の人間として尊重し、その命を守り、情緒の安定を図りつつ、乳幼児期にふさわしい経験が積み重ねられていくように行う。

近年、育児不安などを抱えている親が増加しており、日頃保育で行っている保育に関する専門性を活用して子育て支援を行うことが社会的にも求められている。

そのため、国は2001（平成13）年に児童福祉法を改正し、児童福祉法第18条の4において「この法律で、保育士とは、第18条の18第1項の登録を受け、保育士の名

Step3

1. 保育所における子育て支援の始まり

保育所は1970年代頃から地域の子育て支援センターの役割を担うことが必要だといわれ、一部の保育所では子どもの保育だけでなく、地域の子育て家庭への支援を実施していた。

このような状況下で、1984（昭和59）年に国は保育所で子育て相談を実施する制度「保育所等における乳幼児健全育成相談事業」を、モデル事業として実施した。これは保育所の育児相談と呼ばれたもので、保育所の入所児以外を対象とする子育て支援事業の始まりである。

これによると、「対象となる相談内容」については「家庭における乳幼児の保育」にかかわる問題である。例示すれば、睡眠（時間のずれ、夜泣きなど）、食事（母乳、ミルク、離乳食、偏食など）、排泄（おむつ、夜尿など）、ハイハイ・歩行、身体の発育、言葉・社会性などの発達、情緒・行動の問題、心身の障害などであるが、保育所の専門機能を活用した育児相談であるから、保育所での日常保育実践をふまえて対応するものに限ることが適当である。したがって、育児にかかわる相談であっても、質的に対応できるものとできないものとを個々に適切に判断できなければならない。

しかし、対応できないものであっても、相談を依頼してくる人（依頼者）を心理的にささえ、適当な相談機関を紹介、あっせんするなどの適切な取り扱いをすることが必要であり、このことは、問題の早期発見、早期治療の観点からも保育における育児相談の大切な役割である。

なお、「依頼者の抱える問題が、主訴となって表面に表われたものだけでなく、もっと奥に原因があることもあるので、そのことを測察できる能力も画養する必要

子育て支援センター事業として名称を変更し、実施されることになった。

この地域子育て支援センターは各市町村に1か所は設置することが目標とされた。そして、保育対策等5か年事業が策定されたとき、この5年間で3000か所を設置するという数値目標が提示された。しかし、目標数値はなかなか達しないため、1998（平成10）年に小規模型の地域子育て支援センター事業が創設された。この小規模型が創設されたことによって、地域子育て支援センターを各市町村が積極的に設置するようになった。

2007（平成19）年度には事業名称が変更され、地域子育て拠点事業となり、従来の地域子育て支援センター事業の他、ひろば型、児童館型と広がり、翌年の2008（平成20）年度には児童福祉法と社会福祉法が改正され、第二種社会福祉事業に規定されるとともに、地域子育て支援拠点事業として児童福祉法第21条の9に規定された。

3. 子育て相談事業についての児童福祉法および保育所保育指針における経過

1998（平成10）年に児童福祉法が改正され、法第48条の3の規定により、保育に支障がない限り、すべての保育所において子育て相談を受けることが努力義務となった。

この児童福祉法の改正を受けて、2000（平成12）年度に施行された改定保育所保育指針では、新しく第13章「保育所における子育て支援及び職員研修など」を設け、その2「地域における子育て支援」の(3)「乳幼児の保育に関する相談・助言」で、すべての保育所で乳幼児の保育に関する相談を積極的に行うことが求められた。

2001（平成13）年に児童福祉法が改正され、2003（平成15）年秋から保育士が名称独占の法定資格になり、法第18条の4において保育士の定義が規定された。これによると「保育士とは、法第18条の18第1項の登録を受け、保育士の名称を用いて、専門的知識及び技術をもって、児童の保育及び児童の保護者に対する保育に関する指導を行うことを業とする者をいう」と規定された。

2006（平成18）年10月には「就学前の子どもに関する教育、保育等の総合的提供の推進に関する法律」が成立し、幼保一体の施設として新しく認定こども園が創設された。

この認定こども園は子どもの教育・保育と地域の子育て支援をしなければい施設であるため、認定こども園が普及すると地域の子育て支援を実施する施設

ためには、保護者のよりよい親子関係の形成や養育力の向上に対する支援が必要である。

2つ目は、保育所に通っていない子どもとその保護者に対する支援である。1つの例として園内解放がある。保育士は保護者に対して子どもとの遊びに関する手本を見せたり、子どもの遊びの意味することや発育・発達の特徴などについて説明する。また、子ども同士が遊ぶ機会を提供し、保護者も参加できる機会をつくる。このことで保護者同士が仲良くなり、お互いに子育ての悩みなどを話せる関係ができる。そのほか、子育てに戸惑う保護者の声に耳を傾け、受容、支持し、必要に応じてアドバイスや支援を行う機会となる。

このように、保育所に通っていない保護者に対する支援について、保育所には保護者支援を行うための施設・設備や玩具・絵本のほか、人材（保育士、調理員、栄養士、看護師等）、その他（一時預かり等の特別保育事業、園だより、ホームページなど）がある。これらをうまく組み合わせることによって、一人ひとりの保護者に必要な支援ができると思われる。

図表1-1　子どもが保育所に通っていない保護者支援について
（保育室、屋内遊戯室、園庭の場所について各々まとめる）

〈準備する設備、玩具、絵本、配置する職員〉

〈親子何組か、〈子どもは何歳何か月～何歳何か月か〉〉

〈プログラム〉

〈留意すること〉

〈どんなことに効果があると想定されるか〉

保育士養成課程──本書の目次
対応表

　指定保育士養成施設の修業教科目については国で定められており、養成課程を構成する教科目については、通知「指定保育士養成施設の指定及び運営の基準について」(平成15年雇児発第1209001号)において、その教授内容が示されている。

　本書は保育士養成課程における「教科目の教授内容」に準拠しつつ、授業で使いやすいよう全15講に目次を再構成している。

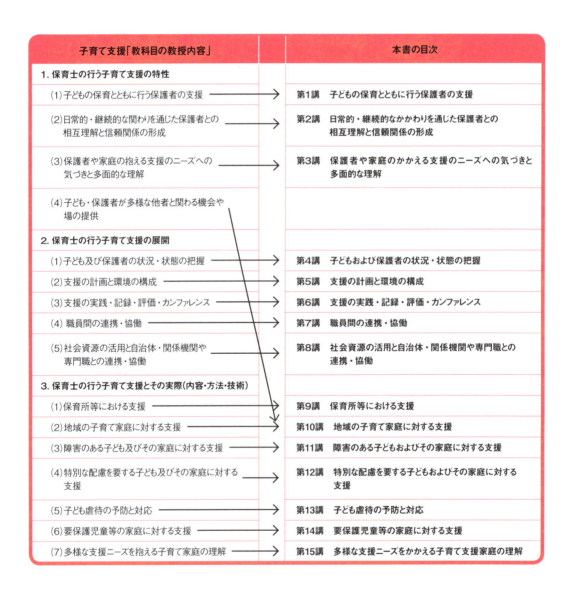

子育て支援「教科目の教授内容」	本書の目次
1. 保育士の行う子育て支援の特性	
(1) 子どもの保育とともに行う保護者の支援	第1講　子どもの保育とともに行う保護者の支援
(2) 日常的・継続的な関わりを通じた保護者との相互理解と信頼関係の形成	第2講　日常的・継続的なかかわりを通じた保護者との相互理解と信頼関係の形成
(3) 保護者や家庭の抱える支援のニーズへの気づきと多面的な理解	第3講　保護者や家庭のかかえる支援のニーズへの気づきと多面的な理解
(4) 子ども・保護者が多様な他者と関わる機会や場の提供	
2. 保育士の行う子育て支援の展開	
(1) 子ども及び保護者の状況・状態の把握	第4講　子どもおよび保護者の状況・状態の把握
(2) 支援の計画と環境の構成	第5講　支援の計画と環境の構成
(3) 支援の実践・記録・評価・カンファレンス	第6講　支援の実践・記録・評価・カンファレンス
(4) 職員間の連携・協働	第7講　職員間の連携・協働
(5) 社会資源の活用と自治体・関係機関や専門職との連携・協働	第8講　社会資源の活用と自治体・関係機関や専門職との連携・協働
3. 保育士の行う子育て支援とその実際(内容・方法・技術)	
(1) 保育所等における支援	第9講　保育所等における支援
(2) 地域の子育て家庭に対する支援	第10講　地域の子育て家庭に対する支援
(3) 障害のある子ども及びその家庭に対する支援	第11講　障害のある子どもおよびその家庭に対する支援
(4) 特別な配慮を要する子ども及びその家庭に対する支援	第12講　特別な配慮を要する子どもおよびその家庭に対する支援
(5) 子ども虐待の予防と対応	第13講　子ども虐待の予防と対応
(6) 要保護児童等の家庭に対する支援	第14講　要保護児童等の家庭に対する支援
(7) 多様な支援ニーズを抱える子育て家庭の理解	第15講　多様な支援ニーズをかかえる子育て支援家庭の理解

CONTENTS

新・基本保育シリーズ　刊行にあたって
はじめに
本書の特徴
保育士養成課程――本書の目次　対応表

第1講　子どもの保育とともに行う保護者の支援

Step1
1. 保育所保育と家庭育児について ……………………………………… 2
2. 保育の特性について …………………………………………………… 2
3. 保育士の業務について ………………………………………………… 3
4. 保育所における子育て支援について ………………………………… 5

Step2　演習　保育所に通っていない子どもの保護者支援について考えてみよう …… 6

Step3
1. 保育所における子育て支援の始まり ………………………………… 8
2. 地域子育て支援センターについて …………………………………… 8
3. 子育て相談事業についての児童福祉法および保育所保育指針における経過 …… 9

第2講　日常的・継続的なかかわりを通じた保護者との相互理解と信頼関係の形成

Step1
1. 保護者との相互理解 …………………………………………………… 14
2. 保護者との信頼関係の形成 …………………………………………… 15
3. 保育者の基本的態度――バイステックの7原則―― ……………… 16

Step2
演習1　ロールプレイを通して受容的な態度の理解を深めよう ……… 18
演習2　保育者として活用するバイステックの7原則 ………………… 20

Step3
1. 幼稚園における保護者への支援 ……………………………………… 22
2. 幼保連携型認定こども園における保護者への支援 ………………… 23

COLUMN　保育ソーシャルワーク ………………………………………… 24

第3講　保護者や家庭のかかえる支援のニーズへの気づきと多面的な理解

Step1
1. 保護者や家庭の現状 …………………………………………………… 26

　　　　　2. 保護者の状況に配慮した個別の支援 ……………………………………… 29

Step2　演習1　支援の入り口としてニーズに気づくためには、保護者との日頃のコミュニケーションについて考えてみよう ……………………………………… 30
　　　　　演習2　多様なニーズに対応する保育事業について、子どもの福祉の尊重を念頭に置いて、留意すべき点を考えてみよう ……………………………… 31

Step3　**1.** 支援のニーズをとらえるために …………………………………………… 32
　　　　　2. 支援プロセスの例 ………………………………………………………… 32

第4講　子どもおよび保護者の状況・状態の把握

Step1　**1.** 子育て支援におけるプロセスの意義 ……………………………………… 36
　　　　　2. ケースの発見からインテークへ ………………………………………… 37
　　　　　3. アセスメント（情報収集、事前評価） …………………………………… 38

Step2　演習1　アセスメントの大切さを確かめよう ……………………………… 40
　　　　　演習2　ジェノグラムとエコマップを書いてみよう ……………………… 41
　　　　　演習3　事例をもとに、子どもや保護者の状況を整理しよう …………… 42

Step3　事例にもとづいて、アセスメントの理解を深める ……………………… 44

COLUMN　子育てについての相談相手 …………………………………………… 46

第5講　支援の計画と環境の構成

Step1　**1.** 目標の設定 …………………………………………………………………… 48
　　　　　2. 支援内容や方法の計画 …………………………………………………… 49

Step2　演習1　事例をもとに、保育所を利用する保護者の支援計画を立てよう … 50
　　　　　演習2　事例をもとに、地域における子育て支援の計画を立てよう …… 53

Step3　**1.** 保育所等における子育て支援の計画と環境の構成 …………………… 54
　　　　　2. 地域における子育て支援の計画と環境の構成 ………………………… 55

COLUMN　自立支援計画 …………………………………………………………… 58

第6講　支援の実践・記録・評価・カンファレンス

Step1　**1.** 支援の実践 …………………………………………………………………… 60
　　　　　2. 保育士の専門的な知識・技術を活用した支援 ………………………… 60

		3. 記録	62
		4. 評価	62
Step2	演習1	保育士の専門的な知識・技術を活用した支援の実践について考えてみよう	64
	演習2	記録を書くための練習をしてみよう	66
	演習3	事例を読んでモニタリング・評価シートを記入してみよう	66
Step3		1. 評価の視点	68
		2. カンファレンス	68
		3. PDCAサイクルの活用	68
COLUMN		子ども家庭相談で利用する記録用紙	70

第7講　職員間の連携・協働

Step1		1. 職員間の連携・協働の必要性	72
		2. 保育の質の向上に向けた組織的な取り組み	73
		3. 職員間の連携・協働のためのカンファレンス	74
Step2	演習1	保育実習を行った保育所における職員間の連携・協働を振り返ってみよう	76
	演習2	模擬カンファレンスを通して職員間の連携・協働の理解を深めよう	78
Step3		1. スーパービジョン	80
		2. コンサルテーション	81
		3. 働きやすい職場づくりに向けた職員間の連携・協働	81
COLUMN		保育士等キャリアアップ研修	82

第8講　社会資源の活用と自治体・関係機関や専門職との連携・協働

Step1		1. 社会資源とはなにか	84
		2. 関係機関の役割と連携	85
Step2	演習1	自分たちの周りに存在する社会資源を整理してみよう	90
	演習2	事例に基づいて、必要な社会資源は何かを考えてみよう	91
Step3		1. 多問題をかかえる事例への対応と関係機関	92
		2. 地域資源の積極的利用	93
COLUMN		子育て支援を行うボランティア	94

第9講　保育所等における支援

Step1
1. 保護者の子育てに関する悩みと相談内容 ... 96
2. 保育所を利用している保護者に対する子育て支援の内容 ... 97
3. 地域の保護者等に対する子育て支援の内容 ... 99

Step2
演習1　次の事例を通して、「保育所に通っている子どもの家庭への支援」について考えてみよう ... 100
演習2　次の事例を通して、「地域の子育て家庭への支援」について考えてみよう ... 102

Step3
1. 保育所に通っている子どもの家庭への支援 ... 104
2. 地域の子育て家庭への支援 ... 105

COLUMN　「ワンオペ育児」と「イクメン」 ... 106

第10講　地域の子育て家庭に対する支援

Step1
1. 地域での子育てのニーズ ... 108
2. 幼児教育施設の特性を生かした地域の子育て支援 ... 109
3. 地域の子育て支援の場と人 ... 110

Step2
演習1　保育者による地域の子育て支援について考えよう ... 112
演習2　保育所における子育て支援拠点事業の事例から地域の保護者支援について考えよう ... 114

Step3
1. 幼児教育施設の特性を生かした子育て支援 ... 116
2. 地域の子育て支援の実際 ... 117

COLUMN　保護者と子どもを支える地域の場と保育者の存在 ... 118

第11講　障害のある子どもおよびその家庭に対する支援

Step1
1. 障害を理解する ... 120
2. 障害児支援の事業体系、関係機関との連携 ... 120
3. 家庭支援、子育てへの悩みや不安 ... 122
4. 子どものことがわかるABC分析 ... 122
5. 支援の実際・保護者へのアドバイス ... 124

Step2
演習1　子どものことを正しく理解するための手立てについて考えてみよう ... 126
演習2　個別の課題ごとに支援プログラムをつくってみよう ... 127

| Step3 | 1. 新しい障害児観、願いをかなえる実践力 | 128 |
| | 2. 子どもが変わることで親が変わる | 129 |

COLUMN 子どもと一体感がもてる臨床動作法 ……… 130

第12講　特別な配慮を要する子どもおよびその家庭に対する支援

Step1	1. 家庭に特別な配慮が必要な場合	132
	2. 保護者自身に特別な配慮が必要な場合	134
Step2	演習　2つの事例から、実際の現場で何ができるのか、子どもの立場に立って考えてみよう	136
Step3	1. 事例の対応	140
	2. 園内での情報共有と関係機関との連携	140

COLUMN 「気になる子ども」の家庭支援の視点 ……… 142

第13講　子ども虐待の予防と対応

Step1	1. 児童問題の背景	144
	2. 子ども虐待問題の経緯	144
	3. 児童虐待防止法の成立	144
	4. 児童虐待防止法施行後の状況	145
	5. 児童虐待防止法の改正	146
	6. 子育て世代包括支援センター	147
Step2	演習1　次の事例を読んで、どのような種類の虐待が疑われるか考えてみよう	148
	演習2　次の事例を読んで、虐待が疑われる親子への対応について考えてみよう	149
Step3	1. 身体的虐待	150
	2. ネグレクト	151
	3. 性的虐待	151
	4. 心理的虐待	152
	5. 子ども虐待への対応と予防等	153

COLUMN ステップファミリーと子ども虐待 ……… 154

第14講　要保護児童等の家庭に対する支援

Step1
1. 社会的養護と児童養護施設の理解 ……… 156
2. 児童養護施設の家庭に対する支援の実際 ……… 157
3. 地域支援へのひろがり ……… 160

Step2
演習1　"家族のつながり"について考察してみよう ……… 162
演習2　親子関係を再構築するための支援を学ぼう ……… 163

Step3　要保護児童等家庭支援のための社会資源 ……… 164

COLUMN　子どもの貧困や虐待問題の見えづらさ ……… 166

第15講　多様な支援ニーズをかかえる子育て支援家庭の理解

Step1
1. 日本の多文化共生社会の現状と政策 ……… 168
2. 多文化保育・教育に関する法的根拠と歴史 ……… 170

Step2
演習1　保育現場における外国人の保護者とのコミュニケーションを図るための言語支援について考えてみよう ……… 172
演習2　多文化保育に関する理論的な理解と保育実践について考えてみよう ……… 173
演習3　多文化保育内容を理解し、保育実践活動について考え、計画してみよう ……… 174

Step3　多文化保育実践アプローチにおける2つの視点と保育者の専門性 ……… 176

COLUMN　多文化保育・教育の概念 ……… 178

参考資料

全国保育士会倫理綱領 ……… 180

索引
企画委員一覧
編集・執筆者一覧

第1講

子どもの保育とともに行う保護者の支援

保育所では保育に必要な十分な環境のもとで、保育士等が子どものさまざまな欲求を満たす養護面と、保育士等が子どもの成長・発達をうながすような環境構成を行い発達を支援する教育面とを一体的に行っている。この保育の経験を生かした保護者支援について考える。

Step 1

1. 保育所保育と家庭育児について

　子どもが就学するまでの家庭での子育てを「育児」、これに対して家庭内育児を社会化したもので、保護者と保育の専門家である保育士等が協働して行う子育てを総称して「保育」と呼んでいる。

　現代社会においては、親が子どもの養育の第一義的責任者であるが、親だけでは子育てが完結できない状況にある。そのため国は児童福祉法第2条「児童育成の責任」において「国及び地方公共団体は、児童の保護者とともに、児童を心身ともに健やかに育成する責任を負う」と規定しているため、子育てに関しては保護者のみに責任を負わせるのではなく、国や地方公共団体にはそれを支援する公的責任があることを明記している。つまり、公的責任で家庭での養育を保育所で支援することを「保育所保育」と呼んでいる。ここでは「保育所保育」のことを「保育」と定義する。

2. 保育の特性について

　保育について主なものを記載する。

（1）子どもの心身の発育・発達に関した専門職による保育

　2018（平成30）年4月から施行された保育所保育指針第1章「総則」1「保育所保育に関する基本原則」の(1)「保育所の役割」のイ「保育所はその目的を達成するために、保育に関する専門性を有する職員が、家庭との密接な連携の下に、子どもの状況や発達過程を踏まえ、保育所における環境を通して、養護及び教育を一体的に行うことを特性としている」と記載されている。すなわち、保育所は子どもの健全な心身の発育・発達を図ることを目的とした施設であるとともに子どもはさまざまな人と出会い、かかわりながら成長するために乳幼児にふさわしい生活の場である。そのため、保育所には子どもが健全な心身の発育・発達に必要な知識・技術をもった保育士や調理員などがその専門性を発揮（はっき）して保育にあたっている。

（2）保育は保護者とともに子どもを育てる営み

　保育は子どもの一日を通した生活を視野に入れ、保護者の気持ちに寄り添いながら家庭との連携を密に保育を行っている。そして、乳幼児期の子どもの育ちを支えるとともに、保護者の養育姿勢や力が発揮されるよう、保育所の特性を生かした支援を行う。

（3）子どもの心身の発達過程をふまえた保育

保育所では子どもの発達を年齢で画一的にとらえるのではなく、子どもの育つ道筋やその特徴をふまえ、発達の個人差を配慮して個別にていねいにかかわるために、発達のプロセスを大切にしている。

（4）環境を通して行う保育

子どもはさまざまな環境との相互作用により発達していくため、子ども一人ひとりの状況や発達過程をふまえ、計画的に保育環境を構成する。

（5）安全で保健的な環境

子どもを保育するための施設・設備などを整備するとともに、保健的環境や安全に努めている。また、子どもの健康と安全を守るため、全職員が常に心を配り、子どもが安心、安全に過ごせる環境を整えている。

（6）人とのかかわりを育む環境

子どもは、身近な子どもや大人の影響を受けて心身の成長・発達をする。そのため、同年齢の子ども同士の関係、異年齢の子どもとの関係、保育士等との関係、地域のさまざまな人とのかかわりなどによってさまざまな感情や欲求が生まれてくる。このようなことを考え、保育所では保育を行い、子どもの心情・意欲・態度を養っている。

（7）保育は養護と教育の一体性

養護と教育を一体的に展開するということは、保育士が子どもの最善の利益を守り、また、一人の人間として尊重し、その命を守り、情緒の安定を図りつつ、乳幼児期にふさわしい経験が積み重ねられるようていねいに支援する。

以上が、保育所で行われている主な保育であり、これらのことをふまえて、保護者が必要とする子育て支援を行う。

3. 保育士の業務について

2．で記載した保育の特性をふまえ、保育士は子どもを一人の人間として尊重し、その命を守り、情緒の安定を図りつつ、乳幼児期にふさわしい経験が積み重ねられていくように保育を行う。

近年、育児不安などを抱えている親が増加しており、日頃保育所で行っている保育に関する専門性を活用して子育て支援を行うことが社会的にも求められている。

そのため、国は2001（平成13）年に児童福祉法を改正し、児童福祉法第18条の4において「この法律で、保育士とは、第18条の18第1項の登録を受け、保育士の名

称を用いて、専門的知識及び技術を持って、児童の保育及び児童の保護者に対する保育に関する指導を行うことを業とする者をいう」と規定した。

　すなわち、従来の保育士は子どもの保育のみが業務であったが、育児不安等をかかえている保護者の相談を受けて、日頃の保育を生かした助言や支援を行うことも保育士の業務として規定された。

　この保育士の専門性について、2018（平成30）年4月から施行された保育所保育指針解説に、主なものとして6項目があげられている。

（1）子どもの発達に関する専門的知識をもとに子どもの育ちを見通し、その成長・発達を援助する技術

　具体的には、保育士が子ども自身の力を認め、一人ひとりの子どもの発達過程をふまえ、子どもの育ちを見通し、その成長・発達を援助する技術である。

（2）子どもの発達過程や意欲をふまえ、子ども自らが生活していく力を細やかに助ける生活援助の知識・技術

　具体的には、保育士が子どもの発達過程や子どもの意欲をふまえ、子ども自らが生活する力を身につけられるように支援する技術である。

（3）保育所内外の空間や物的環境、さまざまな遊具や素材、自然環境や人的環境を生かし、保育の環境を構成していく技術

　具体的には、子どもの発達とは、子どもがそれまでの体験をもとにして、物的環境や人的環境、自然環境等にはたらきかけ、環境との相互作用を通して新たな能力を獲得していくことであり、そのための保育の環境を保育士が構成していく技術である。

（4）子どもの経験や興味・関心をふまえ、さまざまな遊びを豊かに展開していくための知識・技術

　具体的には、保育士が子ども一人ひとりの経験や興味、関心をふまえて、さまざまな遊びや保育を実践するための保育教材や遊具を準備し、豊かに保育が展開できる保育環境を構成するための知識や技術である。

（5）子ども同士のかかわりや、子どもと保護者のかかわりなどを見守り、その気持ちに寄り添いながら適宜必要な援助をしていく関係構築の知識・技術

　具体的には、子ども同士のかかわりや、保護者と子どものかかわりなどをよく観察し、子ども一人ひとりの気持ちや保護者の気持ちを理解し、それぞれの気持ちに寄り添いながら、必要なときにアドバイスや支援ができる信頼関係を構築できる知識と技術である。

（6）保護者等への相談・助言に関する知識・技術

具体的には、保育士は児童福祉法第18条の4で子どもの保育のほか、児童の保護者に対する保育に関する指導を行うことを業とすると規定されていることから、保育士養成校などにおいて子ども家庭支援論などを受講し、相談・助言等に関する知識・技術を身につけ、保育士資格取得後もさらに自己研鑽することである。

このような専門的な知識・技術をもって、保育士が子どもの保育と保護者への支援を適切に行うことは極めて重要である。しかし、保育士が子どもの保育や保護者への支援を行う場合、専門的な知識・技術だけでなく、保育士としての倫理観に裏付けられた判断が常に求められる。

この保育士としての倫理については、全国保育士会が2003（平成15）年11月に「全国保育士会倫理綱領」を作成している。そこには8つの誓い①子どもの最善の利益の尊重、②子どもの発達保障、③保護者との協力、④プライバシーの保護、⑤チームワークと自己評価、⑥利用者の代弁、⑦地域の子育て支援、⑧専門職としての責務が記載されている。

4. 保育所における子育て支援について

地域の子育て家庭に対する支援については、1997（平成9）年に児童福祉法が改定され、児童福祉法第48条の3において努力義務として規定された。

そして、2000（平成12）年4月施行の保育指針には、新しく第13章を設け地域の子育て支援について明記、保育所における子育て支援が本格的に実施された。

2009（平成21）年4月から施行された保育指針においても保育所の役割として子育て支援を位置づけている。ここでは地域の子育て家庭に対する支援のほか、保育所に通所している保護者への支援が記載された。その理由は、保育所での生活と家庭での生活の連続性を図るため、入所児の保護者への支援は、日々の保育と深く関連があり、子どもの育ちを保障するためには保護者と協働する必要があったからである。

また、地域の子育て家庭に対する支援については、地域のさまざまな人や場や関連機関などと連携を図りながら地域に開かれた保育所として、地域の子育て力の向上に貢献していくことが保育所の役割であると明記されている。

2018（平成30）年4月から施行された保育指針の第4章「子育て支援」においては、1「保育所における子育て支援に関する基本的事項」、2「保育所を利用している保護者に対する子育て支援」、3「地域の保護者等に対する子育て支援」に分けて記載された（**Step 3 参照**）。

Step 2

> **演習** 保育所に通っていない子どもの保護者支援について考えてみよう

課題

ここでは、保育所に通っていない子どもの保護者に対する支援のうち、園内解放を行う場合、どの場所（保育室、屋内遊戯室、園庭など）で、どんな設備や玩具などを準備するか。どんなプログラムを作成するかなどを考える（なお、子どもの年齢は1歳から2歳の子どもと保護者を想定する）。

進め方

下記のことを保育所等で調べ、実施する場合の計画等を考える。

① 保育所の保育室、屋内遊戯室、園庭では、どんな遊具、設備や玩具・絵本があるか、危険なところがないか調べる
② 保育指導する場合、保育室、屋内遊戯室、園庭ではどんなことができるか調べる
③ 保育室、屋内遊戯室、園庭では何組の親子が入れるか。実施する場合、何組の親子を想定するかを考える
④ 実施する場所での職員の配置、準備物、プログラム、注意することなどについて考える

方法

各自が事前に調べてきたことや考えてきたことを4人から6人の小グループで話し合い、グループとしてまとめる。上記①から④について各自から出てきた意見をまとめる。

❶保育室で行う場合、❷屋内遊戯室で行う場合、❸園庭で行う場合についてグループでまとめ、クラスのなかで発表し、意見を共有する。

解説

保護者の保育支援には大きく2つの側面がある。
1つ目は、日々保育所に通う子どもの保護者に対する支援である。子どもの成長・発達をより促進するためには、保護者とともに保育を行う姿勢が大切である。その

ためには、保護者のよりよい親子関係の形成や養育力の向上に対する支援が必要である。

2つ目は、保育所に通っていない子どもとその保護者に対する保育支援である。1つの例として園内解放がある。保育士は保護者に対して子どもとの遊びに関する手本を見せたり、子どもの遊びの意味することや発育・発達の特徴などについて説明する。また、子ども同士が遊ぶ機会を提供し、保護者も参加できる機会をつくる。このことで保護者同士が仲良くなり、お互いに子育ての悩みなどを話せる関係ができる。そのほか、子育てに戸惑う保護者の声に耳を傾け、受容、支持し、必要に応じてアドバイスや支援を行う機会となる。

このように、保育所に通っていない保護者に対する支援について、保育所には保護者支援を行うための施設・設備や玩具・絵本のほか、人材（保育士、調理員、栄養士、看護師等）、その他（一時預かり等の特別保育事業、園だより、ホームページなど）がある。これらをうまく組み合わせることによって、一人ひとりの保護者に必要な支援ができると思われる。

図表1-1 子どもが保育所に通っていない保護者支援について

（保育室、屋内遊戯室、園庭の場所について各々まとめる）

《準備する設備、玩具、絵本、配置する職員》
《親子何組か、（子どもは何歳何か月～何歳何か月か）》
《プログラム》
《留意すること》
《どんなことに効果があると想定されるか》

Step3

1. 保育所における子育て支援の始まり

　保育所は1970年代頃から地域の子育て支援センターの役割を担うことが必要だといわれ、一部の保育所では子どもの保育だけでなく、地域の子育て家庭への支援を実施していた。

　このような状況下で、1984（昭和59）年に国は保育所で子育て相談を実施する制度「保育所等における乳幼児健全育成相談事業」を、モデル事業として実施した。これは保育所の育児相談と呼ばれたもので、保育所の入所児以外を対象とする子育て支援事業の始まりである。

　これによると、「対象となる相談内容」については「家庭における乳幼児の保育」にかかわる問題である。例示すれば、睡眠（時間のずれ、夜泣きなど）、食事（母乳、ミルク、離乳食、偏食など）、排泄（おむつ、夜尿など）、ハイハイ・歩行、身体の発育、言葉・社会性などの発達、情緒・行動の問題、心身の障害などであるが、保育所の専門機能を活用した育児相談であるから、保育所での日常の保育実践をふまえて対応できるものに限ることが適当である。したがって、育児にかかわる相談であっても、質的に対応できるものとできないものとを個々に適切に判断できなければならない。

　しかし、対応できないものであっても、相談を依頼してくる人（依頼者）を心理的に支え、適当な相談機関を紹介、あっせんすることなどの適切な取り扱いをすることが必要であり、このことは、問題の早期発見、早期治療の観点からも保育における育児相談の大切な役割である。

　なお、「依頼者の抱える問題が、主訴となって表面に表われたものだけでなく、もっと奥に原因があることもあるので、そのことを洞察できる能力も涵養する必要がある」と記載されている。

　この通知は保育所が保護者等から保育相談を受ける場合の基本として、国が示したものである。しかし、この事業は一部の保育所でモデル事業として実施されたが、それ以降、一般の保育所には広まらなかった。

2. 地域子育て支援センターについて

　1993（平成5）年度から積極的に地域の子育て家庭を対象とした事業として保育所地域子育てモデル事業が創設されたが、1994（平成6）年12月にエンゼルプラン（今後の子育て支援のための施策の基本的方向について）が策定されたとき、地域

子育て支援センター事業として名称を変更し、実施されることになった。

　この地域子育て支援センターは各市町村に1か所は設置することが目標とされた。そして、保育対策等5か年事業が策定されたとき、この5年間で3000か所を設置するという数値目標が提示された。しかし、目標数値になかなか達しないため、1998（平成10）年に小規模型の地域子育て支援センター事業が創設された。この小規模型が創設されたことによって、地域子育て支援センターは各市町村が積極的に設置するようになった。

　2007（平成19）年度には事業名称が変更され、地域子育て拠点事業となり、従来の地域子育て支援センター事業の他、ひろば型、児童館型と広がり、翌年の2008（平成20）年度には児童福祉法と社会福祉法が改正され、第二種社会福祉事業に規定されるとともに、地域子育て支援拠点事業として児童福祉法第21条の9に規定された。

3. 子育て相談事業についての児童福祉法および保育所保育指針における経過

　1998（平成10）年に児童福祉法が改正され、法第48条の3の規定により、保育に支障がない限り、すべての保育所において子育て相談を受けることが努力義務となった。

　この児童福祉法の改正を受けて、2000（平成12）年度に施行された改定保育所保育指針では、新しく第13章「保育所における子育て支援及び職員研修など」を設け、その2「地域における子育て支援」の(3)「乳幼児の保育に関する相談・助言」で、すべての保育所で乳幼児の保育に関する相談を積極的に行うことが求められた。

　2001（平成13）年に児童福祉法が改正され、2003（平成15）年秋から保育士が名称独占の法定資格になり、法第18条の4において保育士の定義が規定された。これによると「保育士とは、法第18条の18第1項の登録を受け、保育士の名称を用いて、専門的知識及び技術をもつて、児童の保育及び児童の保護者に対する保育に関する指導を行うことを業とする者をいう」と規定された。

　2006（平成18）年10月には「就学前の子どもに関する教育、保育等の総合的な提供の推進に関する法律」が成立し、幼保一体的施設として新しく認定こども園が創設された。

　この認定こども園は子どもの教育・保育と地域の子育て支援をしなければならない施設であるため、認定こども園が普及すると地域の子育て支援を実施する施設が

増え、子育て支援が進むと考えられた。

　2009（平成21）年4月から改定され、新しい保育所保育指針が施行された。この保育所保育指針は以前の保育所保育指針と異なり、局長通知から厚生労働大臣による告示となり、法の遵守項目として明確化されることとなった。

　この保育所保育指針の改定にあたり、4つの重点項目があるが、その1つに保護者支援がある。新しく第6章を設け保護者支援について記載されているが、その第6章を大きく分けると「保育所における保護者に対する支援の基本」「保育所に入所している児童の保護者の支援」と「地域の子育て家庭への支援」について記載され、援助者の基本的な態度について、バイステックの7つの原則をふまえて記載されている。

　2015（平成27）年4月には幼保連携型認定こども園教育・保育要領が作成され、内閣総理大臣、文部科学大臣、厚生労働大臣による告示となった。

　幼保連携型認定こども園教育・保育要領第3章「幼保連携型認定こども園として特に配慮すべき事項」の6の(1)「幼保連携型認定こども園の園児の保護者に対する支援」において、保育所に通っている子どもの保護者に対する子育て支援について示している。そして、(2)「地域における子育て家庭の保護者等に対する支援」において、保育所に通っていない子どもの「地域の子育て家庭の保護者に対する支援」について示した。

　2018（平成30）年4月から改定された新しい保育指針が施行された。この保育指針は前回の保育指針の7章編成から5章編成に変更され、子育て支援については第4章に記載された。この第4章の子育て支援は前回の保育指針と同じように「保育所における子育て支援に関する基本事項」「保育所を利用している保護者に対する支援」と「地域の保護者等に対する子育て支援」について記載された。

　第4章1の「保育所における子育て支援に関する基本的事項」の(1)「保育所の特性を生かした子育て支援」のアに「保護者に対する子育て支援を行う際には、各地域や家庭の実態等を踏まえるとともに、保護者の気持ちを受け止め、相互の信頼関係を基本に、保護者の自己決定を尊重すること」、イに「保育及び子育てに関する知識や技術など、保育士等の専門性や、子どもが常に存在する環境など、保育所の特性を生かし、保護者が子どもの成長に気付き子育ての喜びを感じられるように努めること」と明記された。

　また、(2)「子育て支援に関して留意すべき事項」のアに「保護者に対する子育て支援における地域の関係機関等との連絡及び協働を図り、保育所全体の体制構築に努めること」、イに「子どもの利益に反しない限りにおいて、保護者や子どものプ

ライバシーを保護し、知り得た事柄の秘密を保持すること」と明記された。

　そのほか、今回の保育指針では、保育所を利用している保護者に対する子育て支援について、「保育活動に対する保護者の積極的な参加」と「外国籍家庭など特別ニーズを有する家庭への個別的な支援に関する事項」が明記された。地域の保護者等に対する子育て支援については、保育所の専門性を生かす活動や一時預かり事業などにおける日常の保育との関連への配慮など、保育所がその環境や特性を生かして地域に開かれた子育て支援を行うことが示された。

　このように保育所における子育て支援は、専門家である保育士等の知識・技術や保育所の施設・設備等の保育環境を活用し、保育所を利用している保護者や地域の保護者等に対する子育て支援を広く行うことが求められる。

　幼保連携型認定こども園教育・保育要領も保育指針と同じように同年の4月から改定され、新しい幼保連携型認定こども園教育・保育要領が施行された。

　今回の新しい幼保連携型認定こども園教育・保育要領では3章編成から4章編成になり、子育て支援については新しくつくられた第4章に示された。この第4章では、保育指針と同じように「子育て支援全般に関わる事項」、「幼保連携型認定こども園の園児の保護者に対する子育て支援」と「地域における子育て家庭の保護者等に対する支援」に区分して記載された。

参考文献

- 山下俊郎編『保育所保育指針解説』ひかりのくに,1965.
- 社会福祉法人日本保育協会編『保育所保育指針の解説』社会福祉法人日本保育協会,1990.
- 社会福祉法人日本保育協会編『保育所保育指針の解説』社会福祉法人日本保育協会,1999.
- 全国保育士会編『全国保育士会倫理綱領ガイドブック』社会福祉法人全国社会福祉協議会,2004.
- 認定こども園法研究会編『認定こども園法の解説』中央法規出版,2006.
- 厚生労働省編『保育所保育指針解説書』フレーベル館,2008.
- 厚生労働省編『保育所保育指針解説——平成30年3月』フレーベル館,2018.
- 内閣府・文部科学省・厚生労働省編『幼保連携型認定こども園教育・保育要領解説——平成27年2月』フレーベル館,2015.
- 内閣府・文部科学省・厚生労働省編『幼保連携型認定こども園教育・保育要領解説——平成30年3月』フレーベル館,2018.
- 中央法規出版編集部編『平成30年度版 保育所運営ハンドブック』中央法規出版,2018.
- 中央法規出版編集部編『平成30年度版 認定こども園運営ハンドブック』中央法規出版,2018.

第2講

日常的・継続的なかかわりを通じた保護者との相互理解と信頼関係の形成

子育て支援を行っていくにあたっては、日常的・継続的なかかわりを通じた保護者との相互理解と信頼関係の形成が重要である。本講では、Step1で保護者との相互理解と信頼関係の形成、さらに保育者の基本的態度としてバイステックの7原則について解説し、Step2ではこれらを演習形式で学ぶ。Step3では、幼稚園や幼保連携型認定こども園における保護者への支援について学ぶ。

Step 1

1. 保護者との相互理解

　児童福祉法第18条の4には、「保育士とは、第18条の18第1項の登録を受け、保育士の名称を用いて、専門的知識及び技術をもつて、児童の保育及び児童の保護者に対する保育に関する指導を行うことを業とする者をいう」と規定されている。このように保育士の役割としては、①子どもの保育、②子どもの保護者に対する保育に関する指導、の2つがある。

　子どもの保護者に対する保育に関する指導とは、「保育所保育指針解説」（厚生労働省、2018年2月）によると、「保護者が支援を求めている子育ての問題や課題に対して、保護者の気持ちを受け止めつつ行われる、子育てに関する相談、助言、行動見本の提示その他の援助業務の総体」をいう。

　つまり、「指導」というものの、保育士が保育に関する専門的知識・技術に基づいて保護者に子育ての方法を一方的に教えるということではなく、保護者との相互理解のもとに連携して子どもの育ちを支える視点が重要となる。

　保育所保育指針第4章「子育て支援」の2「保育所を利用している保護者に対する子育て支援」では、「保護者との相互理解」として「日常の保育に関連した様々な機会を活用し子どもの日々の様子の伝達や収集、保育所保育の意図の説明などを通じて、保護者との相互理解を図るよう努めること」と記載されている。

　子どもの生活は、家庭から保育所へ、保育所から家庭へと連続しており、その連続性を確保し、子どもの育ちを支えるためにも保護者と保育所の相互理解は欠かせないものである。

　このことは、「保育所保育指針解説」でも、児童福祉施設の設備及び運営に関する基準第36条で「保育所の長は、常に入所している乳幼児の保護者と密接な連絡をとり、保育の内容等につき、その保護者の理解及び協力を得るよう努めなければならない」と規定しているように、保育所保育が、保護者との緊密な連携のもとで行われることは、子どもの最善の利益を考慮し、子どもの福祉を重視した保護者支援を進めるうえで極めて重要であるという旨の説明がされている。

　したがって、保育所は、子どもに関する情報交換等を細やかに行ったり、保護者へ保育の方針や意図について説明したりすることによって、相互の意思疎通を積み重ね、保護者との信頼関係を構築していき、保護者との相互理解のもとで支援を行っていくことが必要である。

2. 保護者との信頼関係の形成

　保育所における子育て支援を行っていくにあたっては、前述の保護者との相互理解とともに、保護者との信頼関係の形成が重要である。保護者との信頼関係が形成されていなければ、正しい情報を提供しても子育て不安の解消や問題の解決に至らないこともある。つまり、「この人だったら信頼して話ができる」と保護者に思ってもらうことが重要になる。保育所保育指針第4章「子育て支援」の「保育所における子育て支援に関する基本的事項」では「保護者に対する子育て支援を行う際には、各地域や家庭の実態等を踏まえるとともに、保護者の気持ちを受け止め、相互の信頼関係を基本に、保護者の自己決定を尊重すること」と記載されている。

　このような信頼関係を形成していくにあたって、第1に、保護者の気持ちをありのままに受け止める受容的な態度が求められる。「保育所保育指針解説」によると、「受容」とは「不適切と思われる行動等を無条件に肯定することではなく、そのような行動も保護者を理解する手がかりとする姿勢を保ち、援助を目的として敬意をもってより深く保護者を理解すること」である。

　第2に、保護者の自己決定を尊重することが求められる。子育て支援を行っていくにあたっては、保護者自らが選択、決定していくことを支援していく過程が大切であり、これによって保護者が子育てに自信をもつことができるようになり、子育てを自ら実践する力の向上につながっていく。さらに、その自己決定を尊重する過程を通じて両者の間に信頼関係が構築されていくのである。

　第3に、保育所保育指針にも「子どもの利益に反しない限りにおいて、保護者や子どものプライバシーを保護し、知り得た事柄の秘密を保持すること」と記載されているように、プライバシーの保護が前提となる。「保育所保育指針解説」によると、「プライバシーの保護」とは「その本人が特定されるような情報や私生活に関わる情報を守ることであり、知り得た事柄の秘密保持とは本人が他言しないでほしいと望む全ての情報を守ること」である。

　ただし、子どもが虐待を受けている状況など、秘密を保持することが子どもの福祉を侵害するような場合は、児童相談所等に通告することは守秘義務違反には当たらないとされており、プライバシーの保護や守秘義務の遵守に固執せず、子どもの最善の利益を考慮した行動が求められる。

3. 保育者の基本的態度―バイステックの7原則―

前項では、保護者との信頼関係を形成していくにあたって、受容的な態度、自己決定の尊重、プライバシーの保護について述べたが、ここでは保育者のとるべき基本的な態度としてバイステックの7原則を紹介する。もともとはケースワークにおけるワーカーとクライエントの援助関係の基本的な原則を示したものであるが、保育者もこれらの原則を守ることによって、保護者との信頼関係を強化していくことができるため、基本的態度として身につけることが求められる。

バイステックの7原則とは

バイステックの7原則は、バイステック（F.P.Biestek）がケースワーカー（援助者）とクライエント（相談者）の援助関係においてとるべき7つの基本的態度の原則を示したものである。

具体的には、①個別化、②意図的な感情の表出、③統御された情緒関与、④受容、⑤非審判的態度、⑥自己決定、⑦秘密保持の7つで（図表2-1）、それぞれが独立

図表2-1 バイステックの7原則

個別化	クライエントを個人としてとらえる。一人ひとりのクライエントがそれぞれに異なる独特な性質をもっていると認め、それを理解する。
意図的な感情の表出	クライエントの感情表現を大切にする。クライエントが感情を、とりわけ否定的な感情を自由に表現したいというニーズをもっていると認識する。
統御された情緒関与	援助者は自分の感情を自覚して吟味する。クライエントの感情に対する感受性をもち、クライエントの感情に適切なかたちで反応する。
受容	クライエントを受けとめる。クライエントの人間としての尊厳と価値を尊重しながら、クライエントを現在のありのままの姿で感知してかかわる。
非審判的態度	クライエントを一方的に非難しない。クライエントの態度や行動、判断基準を多面的に評価する。
自己決定	クライエントの自己決定をうながして尊重する。クライエントの自ら選択し決定する自由と権利、ニーズを具体的に認識する。
秘密保持	秘密を保持して信頼感を醸成する。クライエントが打ち明ける秘密の情報をきちんと保全する。

出典：F．P．バイステック著，尾崎新ほか訳『ケースワークの原則（新訳版）』誠信書房，1996より作成

したものではなく、相互に関連し補足しあう関係にあるとされている。

援助関係における力動的相互作用

バイステックの7原則の特徴は、7つの原則の源泉が人間の基本的欲求に根ざしていることである（**図表2-2**）。

これらの基本的欲求は、まず第1の方向として、「一人の個人として迎えられたい」「感情を表現し解放したい」といった、ケースワーカーに向けられるニーズをクライエントの内面に作り出す。次に、第2の方向のケースワーカーの反応として、ケースワーカーはクライエントのニーズを感知し、理解してそれらに適切に反応する。さらに、第3の方向のクライエントの気づきとして、クライエントはケースワーカーの感受性を理解し、ワーカーの反応に少しずつ気づきはじめる。

このような援助関係における力動的相互作用が展開されることによって、ケースワーカーとクライエントの信頼関係が強化されていくのである。

図表2-2 援助関係における相互作用

各原則の名称	第1の方向：クライエントのニーズ	第2の方向：ケースワーカーの反応	第3の方向：クライエントの気づき
1．個別化	一人の個人として迎えられたい	ケースワーカーはクライエントのニーズを感知し、理解してそれらに適切に反応する	クライエントはケースワーカーの感受性を理解し、ワーカーの反応に少しずつ気づきはじめる
2．意図的な感情の表出	感情を表現し解放したい		
3．統御された情緒関与	共感的な反応を得たい		
4．受容	価値ある人間として受けとめられたい		
5．非審判的態度	一方的に批判されたくない		
6．自己決定	問題解決方法を自分で選択し、決定したい		
7．秘密保持	自分の秘密をきちんと守りたい		

出典：F．P．バイステック著，尾崎新ほか訳『ケースワークの原則（新訳版）』誠信書房，p.27，1996．を一部改変。

Step 2

> **演習 1** ロールプレイを通して受容的な態度の理解を深めよう

課題

① 子育てに悩んでいる保護者との面接場面をロールプレイ(ロールプレイング、役割演技ともいう)で体験する。
② ロールプレイの振り返りを通して受容的な態度について実践的に理解を深めるとともに、自分自身の課題について考える。

進め方

(1) 準備するもの

① 図表2-3に示すような振り返りシート。
② 事前に子育てに悩んでいる保護者の設定を各自で考えておく。ある程度、設定は統一しておくほうがよい。たとえば、保育所に通っている2歳児の保護者(夫婦と子どもの3人暮らし)、子どもが言うことを聞いてくれなくていらいらしてしまったという場面の相談といったように決めておく。あくまでも受容的な態度についての理解を深めるために行うもので、複雑な設定であったり、突飛な設定は避けるほうがよい。

(2) 方法

① 3人組になり、保育士役、保護者役、観察者役に分かれる。
② 5分間のロールプレイを行う。保育士役はStep 1で学んだ受容的な態度を意識して面接を行う。保護者役は積極的に子育ての悩みなどを話して、保育士役に協力する。観察者役は保育士役が受容的な態度で話を聞けているかどうかなどを観察する。
③ ロールプレイが終わったら振り返りシートに記載する。保育士役は実際に面接を体験してみての感想などを記載する。保護者役は実際に面接を受けてみてどのように感じたかなど、保育士役への感想、助言などを記載する。観察者役は保育士役を観察して気づいたこと、助言などを記載する。
④ 振り返りシートを記載し終えたら、それぞれが記載したことを発表し合う。
⑤ 保育士役、保護者役、観察者役を交代して②~④を繰り返す。全員が保育士役を体験するようにする。

解説

　保育士役を体験することで、受容的な態度についてより実践的に理解を深めることができる。保育士役をした時に、保護者役の子育ての悩みを受容的な態度で聞くことができただろうか。「何か助言をしなければ」と思い、すぐに子育ての悩みに対する助言をしたり自分の思いを話したりはしなかっただろうか。受容的な態度で大事なのは、まず相手の話をしっかりと聞くという傾聴の姿勢である。

　保育士役はロールプレイに集中して自分自身を客観的に振り返ることが難しい場合がある。したがって、保護者役や観察者役から客観的な助言を聞くことによって、自分自身では気づくことができなかった応答の仕方の特徴などについて気づくことができ、自分自身の課題について考えることにつながる。また、保護者役を体験することで保護者の気持ちを考えることができる。

　さらに、ロールプレイの内容をボイスレコーダーなどに録音して、保育士役と保護者役の応答を文字に書き起こしていくと、保育士役の応答をより詳しく振り返ることができる。

　このようなロールプレイを1回実施するだけで受容的な態度を身につけることができるわけではないので、ここで考えた自分自身の課題を意識して、何回かロールプレイを体験して受容的な態度の理解をより実践的に深めていっていただきたい。

図表2-3　ロールプレイ振り返りシート

ロールプレイ振り返りシート
1．保育士役を体験してみての感想など
2．保護者役から保育士役への感想、助言など
3．観察者から保育士役を観察して気づいたこと、助言など

演習 2　保育者として活用するバイステックの7原則

課題

Step 1 でバイステックの 7 原則について学んだが、この原則はもともとケースワークにおけるワーカーとクライエントを想定して説明されているため、一つひとつの原則を子育て支援の場面を想定してわかりやすく言い換えることで理解を深めることを目的とする。

進め方

（1）準備するもの

事前にバイステックの 7 原則について調べて、レポートにまとめておくことが望ましい。

（2）方法

① 一つひとつの原則を保護者支援の場面を想定してわかりやすく言い換えて、図表 2-4 に記入する。
② 各自が記入した内容を 4～6 人の小グループで発表し合う。
③ 各自が発表した内容をもとに、小グループでわかりやすい言い換えを考える。
④ 各グループが考えた内容をクラスのなかで発表し、意見を共有する。
⑤ 小グループでの作業、クラス全体での発表をふまえて、自分で考えたわかりやすい言い換えを見直して必要に応じて修正する。

解説

バイステックの 7 原則を覚えているだけでは実践することはできない。それぞれの原則について子育て支援の場面ではどのように活用することができるかを考えることによって実践で活かしていけるようになる。

たとえば、個別化であれば、単に「保護者を個人としてとらえる」ということではなく、「保護者一人ひとりの背景の違いを考えて、それぞれに合った援助を行う」といった言い換えが考えられる。

意図的な感情の表出であれば、「保護者が感情を適切に出すことができるよう意図的にかかわる」、統御された情緒関与であれば、「保護者とかかわる際は自分の感情を適切にコントロールする」、非審判的態度であれば、「保護者の言動の善悪を

Step2 プラクティス

判断したり、一方的に非難したりしないようにする」といった言い換えが考えられる。

受容、自己決定、秘密保持については、前述したように「保育所保育指針解説」でも定義されているが、受容であれば「保護者を尊重しつつ、ありのままを受け止める」、自己決定であれば「保護者自らが選択、決定していくことを尊重してかかわる」、秘密保持であれば「家庭のプライバシーに関することは漏らさない」といった言い換えが考えられる。

上記で示した言い換えは、あくまでも例示であり、もちろんこれ以外が不正解ということではない。わかりやすく言い換えた言葉そのものよりも、このような言い換えを考える作業を通して、さまざまな保護者とのかかわりの場面を想定して考えるプロセスが重要であり、そのことによってバイステックの7原則をより深く理解し、保護者支援の場面で活用できるようになるのである。

図表2-4 保育者として活用するバイステックの7原則

バイステックの7原則	わかりやすく言い換え
個別化	
意図的な感情の表出	
統御された情緒関与	
受容	
非審判的態度	
自己決定	
秘密保持	

Step3

1. 幼稚園における保護者への支援

家庭や地域との連携

　幼稚園教育要領には「幼児の生活は、家庭を基盤として地域社会を通じて次第に広がりをもつものであることに留意し、家庭との連携を十分に図るなど、幼稚園における生活が家庭や地域社会と連続性を保ちつつ展開されるようにするものとする」と記載されている。

　幼稚園における生活が家庭や地域社会と連続的に営まれていることをふまえて、指導計画を作成していく際には、幼児の生活全体を視野に入れ、その生活が充実していくようにすることが求められている。その際には、「地域の自然、高齢者や異年齢の子供などを含む人材、行事や公共施設などの地域の資源を積極的に活用し、幼児が豊かな生活体験を得られるように工夫する」こと、さらに「家庭との連携に当たっては、保護者との情報交換の機会を設けたり、保護者と幼児との活動の機会を設けたりなどすることを通じて、保護者の幼児期の教育に関する理解が深まるよう配慮する」ことが重要である。

子育て支援

　幼稚園教育要領には「幼稚園の運営に当たっては、子育ての支援のために保護者や地域の人々に機能や施設を開放して、園内体制の整備や関係機関との連携及び協力に配慮しつつ、幼児期の教育に関する相談に応じたり、情報を提供したり、幼児と保護者との登園を受け入れたり、保護者同士の交流の機会を提供したりするなど、幼稚園と家庭が一体となって幼児と関わる取組を進め、地域における幼児期の教育のセンターとしての役割を果たすよう努めるものとする」と記載されている。

幼稚園型認定こども園

　2015年に子ども・子育て支援新制度が施行されて以降、幼稚園は幼保連携型認定こども園や幼稚園型認定こども園への移行が徐々に進んできている。認定こども園は、地域における子育て支援を行う機能をもち、すべての子育て家庭を対象に、子育て不安に対応した相談や親子のつどいの場の提供などを行うことになっており、幼稚園型認定こども園も保護者からの相談・助言・情報提供などの子育て支援を行っていくことが求められている。

2. 幼保連携型認定こども園における保護者への支援

幼保連携型認定こども園教育・保育要領

　幼保連携型認定こども園は、児童福祉法で「義務教育及びその後の教育の基礎を培うものとしての満3歳以上の幼児に対する教育及び保育を必要とする乳児・幼児に対する保育を一体的に行い、これらの乳児又は幼児の健やかな成長が図られるよう適当な環境を与えて、その心身の発達を助長することを目的とする施設」（第39条の2）と規定されており、さらに認定こども園法（就学前の子どもに関する教育、保育等の総合的な提供の推進に関する法律）において「保護者に対する子育ての支援を行うことを目的」（第2条第7項）とすることが規定されている。

　幼保連携型認定こども園の教育課程その他の教育および保育の内容は「幼保連携型認定こども園教育・保育要領」に基づいている。第4章には「子育て支援」の項目が設けられ、①子育ての支援全般にかかわる事項、②園児の保護者に対する子育ての支援、③地域における子育て家庭の保護者等に対する支援の3つに大きく分けて記載されている。

保護者との相互理解と信頼関係の形成

　幼保連携型認定こども園教育・保育要領には、保護者との相互理解と信頼関係の形成については「保護者の気持ちを受け止め、相互の信頼関係を基本に、保護者の自己決定を尊重すること」「保護者や子どものプライバシーを保護し、知り得た事柄の秘密を保持すること」「日常の様々な機会を活用し、園児の日々の様子の伝達や収集、教育及び保育の意図の説明などを通して、保護者との相互理解を図るよう努めること」などと記載されており、保育所保育指針に記載されている内容と大きな違いはない。

　つまり、幼保連携型認定こども園だからといって特別な子育て支援の方法があるわけではなく、Step 1 で述べたような保護者との相互理解と信頼関係の形成を基本として子育て支援を行っていくことが重要となるのである。

参考文献

- F．P．バイステック著，尾崎新ほか訳『ケースワークの原則（新訳版）』誠信書房，1996．
- 永野典詞・岸本元気著『保育士・幼稚園教諭のための保護者支援——保育ソーシャルワークで学ぶ相談支援（新版）』風鳴舎，2016．
- 汐見稔幸・無藤隆監，ミネルヴァ書房編集部編『〈平成30年施行〉保育所保育指針 幼稚園教育要領 幼保連携型認定こども園教育・保育要領解説とポイント』ミネルヴァ書房，2018．

COLUMN　保育ソーシャルワーク

　保育所において実際に子育て支援を行っていく際には、保育士等がソーシャルワーク機能を発揮することが必要とされている状況のなかで「保育ソーシャルワーク」という用語が注目されるようになってきた。保育ソーシャルワークについては1990年代後半あたりから目につくようになったが、統一された定義がなく、それぞれが研究や実践を行っているのが現状である。

　このような状況のなかで、2013年に「日本保育ソーシャルワーク学会」が設立され、保育ソーシャルワークに関する研究および実践等が推進されている。同会ホームページによると、保育ソーシャルワークとは「子どもの最善の利益の尊重を前提に、子どもと家庭の幸福（ウェルビーイング）の実現に向けて、保育とソーシャルワークの学際的領域における新たな理論と実践」ととらえているが、「そのシェーマ（定義、内容、方法等）やシステムについて、いまだ確定したものが構築されるには至っていないのが実情」とされている。今後、このような保育ソーシャルワーク学会の活動も含めて、保育ソーシャルワークに関する議論がより深まっていくことが期待される。

（石田慎二）

第3講

保護者や家庭のかかえる支援のニーズへの気づきと多面的な理解

ニーズとは、家庭の状況を把握し、子どもと保護者の思いや希望に耳を傾け、保育の専門職としての立場から判断して、必要とされている支援を判断するものである。個別の支援においては、保護者の状況に配慮するとともに、常に子どもの福祉の尊重を念頭に置き、子どもの生活への配慮がなされるよう、家庭と連携、協力していくことが求められる。

Step1

1. 保護者や家庭の現状

（1）少子高齢・人口減少社会

　平成30年度少子化白書によれば、日本の総人口は、2017（平成29）年には1億2671万人となっている。年少人口（0～14歳）、生産年齢人口（15～64歳）、高齢者人口（65歳以上）は、それぞれ1559万人、7596万人、3515万人となっており、総人口に占める割合は、それぞれ12.3％、60.0％、27.7％である。国立社会保障・人口問題研究所の「日本の将来推計人口（平成29年推計）」をみると、2053年には総人口は1億人を割って9924万人となり、2065年には8808万人になる。また、年少人口は2065年には898万人になると推計され、総人口に占める割合は約10％となる。今後、少子高齢・人口減少社会が一層進むことが予測されている。

（2）子育て家庭の孤立化と負担感

　このような少子高齢・人口減少社会の進行にともない、子育て中の家庭の孤立化と負担感はますます高まっている。妊娠中または3歳未満の子どもを育てている母親への意識調査（図表3-2参照）をみると、「社会全体が妊娠や子育てに無関心・冷たい」「社会から隔絶され、自分が孤立しているように感じる」という回答は

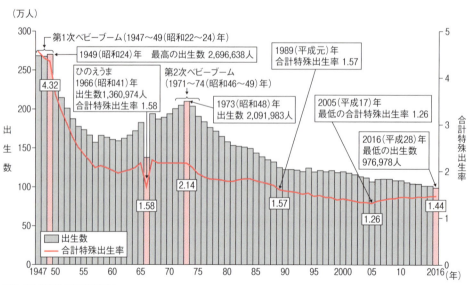

図表3-1

資料：厚生労働省「人口動態統計」

| 図表3-2 | 結婚や出産を取り巻く状況（子育ての孤立化と負担感の増加）

○地域のつながりが希薄化するとともに、長時間労働等により父親の育児参加が十分に得られないなか、子育てが孤立化し、負担感が大きくなっている。
○保育サービス等の就労を支えるサービスだけでなく、就労の有無にかかわらず、すべての子育て家庭を支える取り組みが必要。

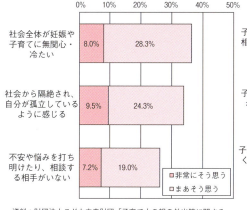

妊娠中または3歳未満の子どもを育てている母親の周囲や世間の人々に対する意識

- 社会全体が妊娠や子育てに無関心・冷たい：8.0%／28.3%
- 社会から隔絶され、自分が孤立しているように感じる：9.5%／24.3%
- 不安や悩みを打ち明けたり、相談する相手がいない：7.2%／19.0%

（非常にそう思う／まあそう思う）

資料：財団法人こども未来財団「子育て中の親の外出等に関するアンケート調査」2011.

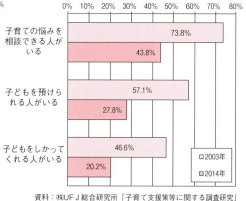

地域のなかでの子どもを通じたつきあい

- 子育ての悩みを相談できる人がいる：73.8%／43.8%
- 子どもを預けられる人がいる：57.1%／27.8%
- 子どもをしかってくれる人がいる：46.6%／20.2%

（2003年／2014年）

資料：㈱UFJ総合研究所「子育て支援策等に関する調査研究」（厚生労働省委託）2003.
三菱UFJリサーチ&コンサルティング「子育て支援策等に関する調査2014」2014.

引用：「社会保障審議会児童部会保育専門委員会（第4回）」資料2、2016.3.29

30％を超えており、「不安や悩みを打ち明けたり、相談する相手がいない」が約25％を占めている。また、2003（平成15）年と2014（平成26）年の調査結果を比較すると、地域のなかでの子どもを通じたつきあいが、一層希薄となっていることがわかる。

さらに長時間労働など多様な問題がからみあうことで、子育ての負担感は一層高まっている。現在、子育て期にある30歳代男性の約6人に1人は週60時間以上就業しており、男性が家事・育児に費やす時間は世界的にみても最低の水準となっている。

（3）困難なニーズをかかえた家庭

また、父親・母親自身がすでに少子化・縮小化した社会で育ち、子どもにかかわる経験や多様な人間関係のなかで育つ喜びや葛藤の体験が少ないことから、バルネラビリティ（脆弱性）が指摘されている。レジリエンス（耐性・困難な状況での回復力）が弱い傾向にあることが指摘されており、産後うつや育児に関する悩みをかかえる保護者も増えている。さらに、今日、ひとり親家庭や子どもの貧困が拡大しており（図表3-3参照）、困難な状況がからまりあって増幅し、児童虐待の深

図表3-3 ひとり親家庭の子どもの貧困率比較

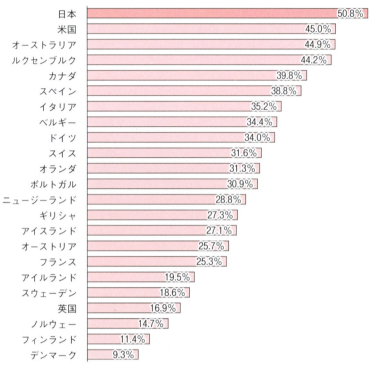

貧困家庭にある子どもの比率、すなわち子どもの貧困率は、OECD各国の中で日本よりはるかに社会状況が深刻そうな国々とほぼ同じレベルです。特に、ひとり親家庭の子どもの貧困率はOECD加盟国中で最低です。

出典：Living in Peace こどもプロジェクト「OECD Family Database（データは2010年のもの）」

図表3-4 児童虐待相談対応件数の推移

年　度	平成20年度	平成21年度	平成22年度	平成23年度	平成24年度	平成25年度	平成26年度	平成27年度	平成28年度	平成29年度（速報値）
件　数	42,664	44,211	注56,384	59,919	66,701	73,802	88,931	103,286	122,575	133,778
対前年度比	105.0%	103.6%	―	―	111.3%	110.6%	120.5%	116.1%	118.7%	109.1%

注）平成22年度の件数は、東日本大震災の影響により、福島県を除いて集計した数値

資料：厚生労働省「児童相談所での児童虐待相談対応件数の推移（2017年度）」

刻な問題も増加し続けている（**図表3-4参照**）。

2. 保護者の状況に配慮した個別の支援

（1）保護者への個別の支援と子どもの福祉の尊重

　今日、子育て家庭には多様なニーズが生じており、仕事と子育ての両立を支援するために、さまざまな保育事業が求められている。保育所保育指針は、このような保護者の状況に配慮して、個別の支援を行うことを記しているが、同時に、常に子どもの福祉の尊重を念頭に置き、子どもの生活への配慮がなされるよう、家庭と連携、協力していく必要があることも示している。

保育所保育指針　第4章　子育て支援
2　保育所を利用している保護者に対する子育て支援
(2)　保護者の状況に配慮した個別の支援
　ア　保護者の就労と子育ての両立等を支援するため、保護者の多様化した保育の需要に応じ、病児保育事業など多様な事業を実施する場合には、保護者の状況に配慮するとともに、子どもの福祉が尊重されるよう努め、子どもの生活の連続性を考慮すること。

（2）通常とは異なる保育の際の配慮

　保育所保育指針の解説には、通常と異なる保育環境や集団の構成で行われる保育では、特に子どもが安定して豊かな時間を過ごすことができるように工夫することが重要であるとし、次のように具体的な配慮事項を記している。

① 病児保育事業
　受入れ体制やルールについて、保護者に十分に説明し、体調の急変時における対応の確認等、子どもの負担が少なくなるよう保護者と連携して進めることが大切である。

② 延長保育
　子どもの発達の状況、健康状態、生活習慣、生活のリズム及び情緒の安定に配慮して保育を行うよう留意する。夕方の食事または補食の提供は、子どもの状況や家庭での生活時間をふまえて適切に行うことが必要である。保育士等間のさまざまな必要事項の申し送りや保護者への連絡事項についても漏れのないよう注意しなければならない。

Step 2

演習1 支援の入り口としてニーズに気づくためには、保護者との日頃のコミュニケーションについて考えてみよう

課題

① 保護者が安心して、語ることができるためには、その前提として、保育者にはどのような態度が求められるかを考える。
② 不適切な子育てについて、保護者とどのように話し合うかを考える。

進め方

6人程度のグループにおいて、2人で1組で保護者役と保育者役になり、次の事例についてロールプレイを行う。ロールプレイでは役割を決めて、場面を設定し、自由に演じる。他の参加メンバーはこれを観察する。

方法

① 「保護者」と「保育者」の役割を決めて演じる。
② 一定時間で、ロールプレイをストップする。
③ その場面について、気づいたことを話し合い、意見を記録する。
④ 演じる者を交代して、上記①〜③を行う。

保護者役において感じたこと	
保育者役において感じたこと	

Step2 プラクティス

事例1　保護者のお迎え時

人間関係が苦手な母親に対して、お迎え時に、どのような表情・態度・雰囲気で迎え入れるのか。特にノンバーバルコミュニケーション（非言語的コミュニケーション）を意識して演じる。

また、保護者と波長を合わせているか、保護者の話を傾聴して、共感的理解を示しているか、保護者の努力をねぎらい支持しているか、などの点に留意する。

事例2　朝食を食べてこない子どもへの理解

日常的に朝食を食べてこない子どもについて話し合う。保護者の話に耳を傾けて家庭の状況を把握しようとしているか、多面的に理解しようとしているか、保護者の子どもへの思いを引き出しているかに留意する。

特に自分の価値観で計らず、子どもと家庭の実態や保護者の心情を把握し、保護者自身が納得して解決に至ることができるように話し合いを進める。

演習2　多様なニーズに対応する保育事業について、子どもの福祉の尊重を念頭に置いて、留意すべき点を考えてみよう

課題

① 休日保育

休日保育を利用する家庭の数は通常保育と比べて少ないため、異年齢集団で保育が行われることが多い。また、地域の複数の園から子どもが1つの園に集まり、保育をすることもある。休日保育と通常保育との違いをあげて、子どもが安定して過ごせるために行う支援について考える。

② 障害がある子どもの保護者への支援

障害がある子どもを育てるにあたって、保護者は孤立感や困難を感じることが少なくない。保育者には、関係機関と連携して、子どもの発達に応じた保育を行うことが求められる。特に、保護者と子どもの育ちを共有し、協働して保育を進めていくことが重要であり、そのために必要な配慮について考える。

Step3

1. 支援のニーズをとらえるために

　保育者の強みは、子どもへのかかわりや発達の見通しをもつところにある。それが保護者を支援する際にも重要な役割を果たす。特に保護者の状況に配慮した個別の支援に際して、子どもの福祉を尊重(そんちょう)するためには、子どもにとって何がよりよいことなのか、真のニーズは何なのかを保護者に「教えてあげる」のではなく、保育者と保護者とが「一緒に考える」ことが重要となる。

　保護者と一緒に考えるために必要なことは、まずは保護者自身が感じているニーズを表現することからスタートすることである。それは問題の核心から離れた遠回りのように見えるが、保育者が感じている問題からスタートすると、保護者の側は「押しつけられた課題」と感じ、反発や拒否を抱くことが少なくない。保護者自身が表現すること、さらにはこれについて保育者と一緒に考えること、その結果、両者が合意したニーズに取り組むことは、保護者の自信と力とを育成する。このようにスモール・ステップを刻み、実際に取り組むことができる課題から始めることによって、保護者の達成感・自信・意欲を育成していく。

　また、一緒に考えることを通して、子育てのパートナーとしての信頼関係も形成できる。このように協力しあうプロセスを通して、保護者は次第に子どもや生活のとらえ方について保育者の影響を受け、ニーズを的確にとらえる力が育成されていく。

　なお、保護者と協働していくためには、保護者の状況や心情をよく理解することが欠かせない。以下、障害がある子どもの母親への支援を取り上げて、このことを明らかにする。

2. 支援プロセスの例

　図表3-5は、障害受容のプロセスについて、整理したものである。

　保護者はショック期から始まり、否認期、混乱期という葛藤(かっとう)を経て、解決に向けて努力しようともがき、次第に受容へと至る。この段階は一直線に進むものではなく、行きつ戻りつするものであり、特に子どもの乳幼児期には、保護者はこの揺れ動きの最中にある。その心情を察すれば、保護者が早期に障害を受容することを迫るのではなく、諦めや居直りではなく、障害に対する価値観の転換を支えることが真のニーズであることに気づく。また親子はこの先、長い年月を家族として生きていく。さまざまな問題に突き当たったときに、共に支え合うことができる絆の基盤

図表3-5　障害受容の段階

①ショック期	障害の発生の直後。心理的には平穏で、感情が鈍麻した無関心な状態であることが多い。これらは生物的な保護反応であり、現実とは一枚皮膜をへだてて接しているような感じになる。
②否認期	治らないことがうすうすわかってくる。これに対する心理的防衛反応として、障害の否認が起きてくる。圧倒的な現実に直面しての防衛反応ともいうことができ、自我が弱い間はある程度必要なものである。この時期に現実に対決させようとすることは無益であり、患者を破局反応に追い込むだけで終わりがちである。支持的・保護的に対応する。
③混乱期	圧倒的な現実を否認できなくなった結果として混乱が起き、攻撃性が高くなる。他人の責任にし、怒り、うらみの感情をぶつける場合には、「あなたのいうことの当否は私にはよくわからないが、気持ちはよくわかります。私としては常にあなたのことを思って行動しましょう」という態度が基本である。逆に自分を責め、悲嘆に暮れ、抑うつ的になる場合には、話しをよく聞いて「あなたの責任ではない」となぐさめ、未来に目を向けるようにする。
④解決への努力期	心理的な問題解決のために努力する時期。価値の転換の過程を援助し、促進していく。そのためには、一方では現実的に能力障害と社会的不利を減らして、他方では積極的に本人の中に価値を発見していくことが必要となる。むしろまず私たちが本人の中にそのような価値を発見し、それを本人と家族に伝え確認してもらうようにする。
⑤受容期	障害受容とは、あきらめでもなく居直りでもなく、障害に対する価値観の転換であり、障害を持つことが、人間的価値を低下させるものではないことの認識と体得を通じて、恥の意識や劣等感を克服し、積極的な生活態度に転ずることである。これは障害を心理的に乗り越えることであり、これにより自分は人間的に成長し、強くなり、「ひとまわり大きくなった」という自覚を持つ。

資料：上田敏「障害の受容――その本質と諸段階について」『総合リハビリテーション』第8巻第7号，医学書院，pp.515～521，1980．を参考に作成。

は乳幼児期につくられるものである。子どもの発達を見通したときに、親子関係の橋渡しをし、絆を強くすることが、まず支援に求められていることがわかる。

　障害がある子どもの保護者への支援を例としてあげたが、個別の支援に際しては、特に専門知識を習得し、これを基盤として広い視野をもって子どもと保護者を支援していくことが求められる。イギリスの経済学者アルフレッド・マーシャルは、Cool head, but warm heart.（冷めた頭と熱い胸）と説いたが、保護者への支援は、一人ひとりがかけがえのない存在であり、子どもと保護者を尊重することを忘れてはならない。

参考文献

● 上田敏「障害の受容——その本質と諸段階について」『総合リハビリテーション』第 8 巻第 7 号，1980.

第4講

子どもおよび保護者の状況・状態の把握

　　支援は、対象者（子どもや保護者）が主体となって進められる。対象者に応じた支援をするためには、まず対象者の状況等を知ることから始める必要がある。本講では、Step1で援助のプロセスとしてインテークからアセスメントの意義や留意点を整理し、Step2でジェノグラムやエコマップの書き方やニーズの把握などを演習形式で学ぶ。それらをふまえ、Step3では演習事例の解説を通してアセスメントへの理解を深める。

Step 1

1. 子育て支援におけるプロセスの意義

　対人援助の領域では、援助者が思いつきや思い込みで展開していくのではなく、専門職としての専門的知識や技術、根拠に基づきながら、見通しをもって援助を展開していく（Evidence based practice）ことが必要となる。保育の領域でも、全体的な計画や指導計画、ねらいと内容が必ず存在する。子育て支援においても同様である。保護者が、現状を整理することができず、混乱していたり、これからどうなっていくのか不安になっていたりするときに、保育者が見通しをもってかかわることで、保護者の不安の軽減や意欲の向上につながることが期待される。それがいわゆる支援の質の確保あるいは向上につながっていく。子育て支援では、基本的には保護者のニーズ（要求、欲求など）に基づいた課題（ねらい、目標など）が存在し、その解決に向けて支援を展開する。その際、保護者のニーズの充足や課題解決に至ることだけを考えるのではなく、解決に向かうプロセスを重視し、プロセスそのものが保護者の子育てを実践する力につながるととらえてほしい。

　支援のプロセスについては諸説あるが、本書では、インテーク（本講）→アセスメント（本講）→プランニング（第5講参照）→インターベンション（第6講参照）→エバリュエーション（第6講参照）の5つのプロセスで説明する（図表4－1）。ここで留意しておきたいのは、このプロセスはあくまでも保育者側の目安であり、保護者との関係や状況によっては、この通りに進めない場合もある。各段階に必要となる時間や労力もケースによって異なり、各段階を行きつ戻りつしながらゆっくりと進む場合もある。このプロセス通りに進めなければならないと固執するのではなく、指標として柔軟に活用することを意識してほしい。

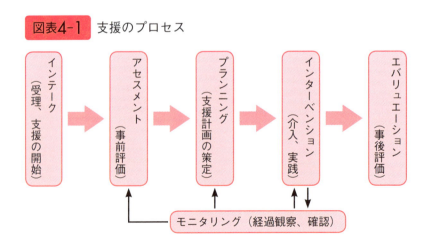

図表4－1　支援のプロセス

2. ケースの発見からインテークへ

　支援の開始には、大きく2つのパターンが考えられる。1つは、保護者からの希望である。保護者自身に課題やその取り組みへの意識があり、かつ保育者からみても取り組む必要があると判断された場合、支援の開始につながる。この場合、保護者の小さな変化やサインを見逃さないように、保育者は日々の保護者とのやり取りを大切にし、保護者が表現しやすい雰囲気づくりを重視する。

　もう1つは、保育者の気づきである。支援の対象となるのは、先のパターンのような積極的に「助けてほしい」「困っている」と訴えることができる人ばかりではない。そのような訴えができるということは、課題解決に向かう意欲があるととらえられ、援助の基本となるエンパワメントや自己決定につながりやすく、難しい課題であったとしても、支援を進めることができる可能性が高くなる。しかし、課題に気づいていない人や課題に気づいていたとしても助けを求めようとしない人の場合、支援を始めるまでに多くの労力と時間を要することになる。最終的には、本人の意思が尊重されるが、子どもに関する場合、保護者の意思だけが優先されるわけにはいかない。たとえば、虐待(ぎゃくたい)が疑われる家庭の場合、保護者が「自分もこのように育てられた」「しつけの一環だ」と訴えても、子どもの発達に明らかな悪影響があると判断されれば、援助につなげていかなければならない。このように、課題に否定的・逃避的な人に対して、積極的にはたらきかけて援助につなげていくことをソーシャルワークでは「アウトリーチ」と呼んでいる。とくに、地域の子育て家庭においては、園児の保護者に比べると、はたらきかけることができる機会が限られてくるため、「待つ」だけではなく、保育者ができるアウトリーチを考えていく必要があるだろう。

　保育所を利用している保護者についても、子どもの状況をふまえて、保護者への支援が必要だと保育者が判断した場合、保育者から保護者へはたらきかけることになる。この際、気をつけなければならないことは、保護者自身が課題に拒否的であったり、課題に対する意識が低かったりすると、保育者へ不信感を抱いたり、信頼関係が崩れてしまったりする可能性があることである。この場合においても、日頃から保護者と保育者が互いの思いを伝え合うことができるような関係性を意識していくことが求められるだろう。

　保護者と支援の必要性を共有したあとは、保護者の初期の訴えやニーズを整理し、保育所等や保育者が提供できる支援を確認していく。支援は、保育者個人の責任だけではなく、保育所等の組織の責任として提供されることが多い。したがって、

保護者が求めているからといって、すべてを受け入れるのではなく、保育所等や保育者ができることとできないことを的確に把握し、それを説明する必要がある。そのうえで、保護者に同意を得て（インフォームド・コンセント）、支援の開始へとつなげる。次のアセスメントを通して判断されることもあるが、もし、この段階で保育所等や保育者に支援の限界がみられた場合は、他の専門機関等を紹介することもソーシャルワークの活用といえる。

3. アセスメント（情報収集、事前評価）

　アセスメントは、保護者を「知る」ことが重視される。支援の対象はあくまでも保護者であり、保育者は自分の枠にあてはめるのではなく、保護者に即した支援を展開しなければならない。そのためには、まず、保護者の状況を多面的にとらえる必要がある。たとえば、保護者の年齢、性別、家族構成・家族関係、生育歴、性格特性、身体的な状況、心理的な状況、社会的な状況など、保護者の内外的な状況の情報収集を行う。ただし、たくさんの情報があればよいのではなく、支援を展開するため、課題を解決するため、ニーズを充たすために必要な情報を意識して集めることが望まれる。もちろん同時に、子どもの状況（心身の発達状況、生活状況、性格特性、興味・関心、人間関係、家族関係など）についても把握する。あくまでも、子どもの発達を支援するために、保護者を支援していることを常に意識しておく必要がある。このような多面的かつ的確な情報を整理し、問題の状況などを保護者と確認をしながら、保護者が何を求めているのか、真のニーズを見極め、課題を明確化していく（図表4-2）。事例のように、保護者からは「子どものことで・・・」との相談希望があったとしても、真のニーズとしては、保護者自身や夫婦関係、ほかの家族との関係などに課題が存在していることも少なくないので留意してほしい。

事例

　5歳男児の母親から、子どものことで相談があったが、その子どもにとくに問題は認められなかった。しかし、その後も、面談を要望する回数が増え、電話での相談も頻繁にあった。担任保育士は不思議に感じ、主任保育士と所長が担当することになった。徐々に話を聴いていくと、幼少の頃より男性の心があり、母親を演じて生活しているのがつらいと話し始めた。社会の人は母親として自分を見るので、とても苦しい、ほかの人と接するのが嫌だ、と繰り返す。夫には内緒にしている、知られたくないと訴える。秘密保持を約束し、医療機関へつなげることになった。

また、基本的に支援は課題解決を目指すことになるため、保護者ができないこと、できていないことなどネガティブな側面ばかりに目を向けがちになるが、保護者が自己実現に向かうためには、保護者自身のストレングス（＝強み、強さ、長所、潜在能力）が含まれる情報を集めることも、後の支援に役立つだろう。保育者としては、そのような保護者の力を引き出し、高めていくような支援、つまりストレングス視点に基づいたエンパワメントのはたらきを意識しながら、保護者を支えていくことが必要となる。したがって、アセスメントの段階で、保育者はもちろん、保護者自身がストレングスに気づき、認め、活用することで、自ら子育てを「実践」する意欲につながっていく可能性が期待される。

　アセスメントで得た情報を整理する方法として、ジェノグラムやエコマップがある。情報を言語化して整理することも必要だが、多様な情報になるほど図式化・可視化することで、より情報を精査することができたり、課題をとらえやすくしたりすることができる。ジェノグラムとは、家族の関係を図式化したものである（**図表4-3**）。性別、年齢をはじめ、婚姻や離婚、再婚、死亡、親子、きょうだいなどを記号や線のみで表すため、家族関係の全体を把握し、理解を深めることに役立つといえる。

　エコマップとは、生態地図、家族関係地図ともいわれ、援助対象の家族と社会資源との関係を図式化したものである（**図表4-4**）。これにより、援助対象の家族が置かれている状況や環境を把握し、活用できる社会資源や不足している社会資源を整理することができるため、援助の展開につなげる有効な手段である。エコマップは、アセスメントの一環として保育者が作成することもあるが、カンファレンスやスーパービジョン（**第7講参照**）の資料として活用したり、保護者とともに作成することで、援助対象者自身が自分を客観視する手段として活用したりすることもできる。

図表4-2 アセスメントの流れ

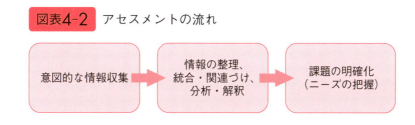

Step2

演習1　アセスメントの大切さを確かめよう

課題

援助は相手を知ることから始まり、相手のニーズを重視することの大切さを理解する。

進め方

① 事例をもとにさまざまな可能性を想定し、設問に対する自分なりの考えを記述する。
② （可能であれば）受講生同士など2人やグループで、各自の回答や考えを共有する。

事例

　ある日、さとしくんが散歩をしていると、カメと出会いました。さとしくんは、カメに食べ物をあげようとします。
　場面1　さとしくん：「カメさん、チョコレート食べる？」　　カメ：「・・・」
　場面2　さとしくん：「カメさん、お寿司食べる？」　　　　　カメ：「・・・」
　場面3　さとしくん：「カメさん、ハンバーグ食べる？」　　　カメ：「・・・」
　この後、さとしくんはカレーをあげようとしましたが、ついにカメは何も食べずに動かなくなってしまいました。

設問①　場面1から場面3までのカメの気持ちを言葉（セリフ）にしてみよう。

場面1	場面2	場面3

設問②　さとしくんは、どのような気持ちで食べ物をカメに与えていたのだろうか。

設問③　さとしくんはどうすればよかったのだろうか。言葉や行動などを具体的に考えてみよう。

演習2　ジェノグラムとエコマップを書いてみよう

課題

アセスメントの手法であるジェノグラムとエコマップを実際に作成することで、書き方やその意義について理解を深める。

進め方

① 図表4-3を参考に、自分を中心としたジェノグラムを作成する。
② 図表4-4を参考に、自分の家族を中心としたエコマップを作成する。

図表4-3　ジェノグラムの例

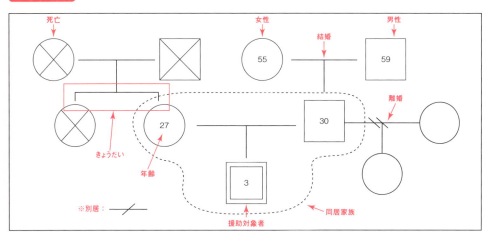

図表4-4　エコマップの例

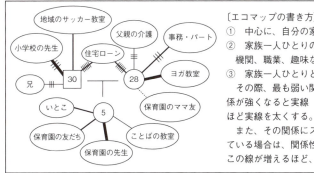

〔エコマップの書き方〕
① 中心に、自分の家族のジェノグラムを書く。
② 家族一人ひとりの周りに、関係する社会資源（人、場所、機関、職業、趣味など）を書き出す。
③ 家族一人ひとりとそれぞれの社会資源を線で結ぶ。
　その際、最も弱い関係を点線（……）で表し、さらに関係が強くなると実線（──）にし、さらに関係が強くなるほど実線を太くする。
　また、その関係にストレス（マイナスの感情）が含まれている場合は、関係性の線の上に垂直の線（‖）を加える。この線が増えるほど、ストレスが強いことを示す。

③ （可能であれば）ジェノグラムとエコマップを作成した感想を、2人やグループで共有する。

演習3　事例をもとに、子どもや保護者の状況を整理しよう

課題

事例を通して、実際に状況や情報の整理に取り組み、アセスメントの段階で必要な技術や姿勢について理解する。

進め方

① 各自で事例を読み、設問に対する自分なりの考えを記述する。
② （可能であれば）受講生同士など2人やグループで、各自の回答や考えを共有する。

事例

　2歳児になるAくんは、水頭症、両耳難聴、発達遅滞の診断を受けている。0歳児で入所し、現在3年目である。Aくんは、療育機関に週2回の頻度で通っている。保育所に入った当初（0歳児）は、寝たきりで寝返りもできなかった。母親は、産休明けですぐに仕事復帰し、仕事中心で子育てをすべて（母方の）祖母に任せている。祖母の援助のおかげで、保育所にも療育機関にもどうにか通えている。朝は、母親が祖母宅へAくんを預け、Aくんは祖母宅で朝食をとり、祖母とともに登所する。帰りは、祖母が保育所へ迎えに来て、Aくんは祖母宅で夕食をとり、母親が仕事帰りに祖母宅へ寄り、Aくんを連れて帰宅する。父親の存在感は薄い。担任保育士は父親に会ったこともなく、母親からもまったく父親についての話を聞かない。保育所からの連絡事項などは、祖母がすべて担っており、母親に伝わっていない。連絡帳には、母親のサインがたまにされていることはあるが、文章等の記入はほとんどない。Aくんの成長や育ちは、2歳児になってからだけでもかなり伸びがある。つたい歩きや階段登りもできるようになり、段ボール箱を押しながら自分の行きたい所へも移動可能になった。また、保育所内で同じ年齢の友だちとのかかわりが増えてきていることもあり、専門機関での訓練の成果だろうと、担任保育士をはじめ職員間で喜んでいた。しかし、母親とこのような喜びも共有できない状況である。

設問① 事例にもとづいて、ジェノグラムとエコマップを書いてみよう。

Step2 プラクティス

設問② 事例のなかの「子どもの状況」「保護者の状況」について、把握できる情報を箇条書きで整理しよう。

〔Aくんの状況〕

〔保護者の状況〕

設問③ 設問②で整理した情報以外で、保育所としてどのような情報を得る必要があるだろうか。

設問④ Aくんの母親には、どのようなストレングスがあるだろうか。

設問⑤ 設問③の情報を得る際に、保育所や保育者はどのような配慮をする必要があるだろうか。

設問⑥ これまでの設問の回答をふまえて、あなたが担任保育士だったら、Aくんの母親にはどのようなニーズがあると考えるだろうか。可能な限り、母親の気持ちや状況に近づく努力をして、具体的に整理しよう。

Step 3

事例にもとづいて、アセスメントの理解を深める

　事例では、保護者との直接的なかかわりがほとんどないということが大きな課題と言える。Step 1で学んだように、支援のはじまりは「相手を知る」ことである。どんなに保育者が「苦手だ」と感じる保護者（たとえば、表情がかたい保護者、要望が多い保護者など）だとしても、その保護者の特性を知るためのやり取りができれば、保育者はコントロールしながら支援を展開することができる。保護者への支援が難しいとされる場合は、アセスメントする手段に制限があり、保護者が何を考え、何を思い、どのような特性をもっているのか、などがわからない状況で支援を考えていかなければならない場合であろう。

　事例においても、記載された情報だけでは、まったく母親や父親の特性を見極めることはできない。したがって、演習ではさまざまな可能性を考えていくしかない。子どもに愛情はあり、本当は子育てにもっとかかわりたいが、仕事をどうしても優先させなければならない状況かもしれない。子どもに愛情はあるが、子どもの障害や発達の状況をどうしても受け入れることができず、仕事に打ち込むことで、バランスをとっているのかもしれない。子どもをかわいいと思うことができず、その感情を知られたくなくて、保育所や保育者とのかかわりを避けているのかもしれない。子どもはとくに親がかかわらなくても自由に育つという考え方をもっているのかもしれない。保育所や保育者、祖父母を信頼しており、あえて保育士とかかわる必要性を感じていないのかもしれない。そのほかにも、さまざまな状況が考えられるだろう。できる限り、多面的に保護者の状況をとらえてほしい。

　しかし、それらはあくまでも可能性でしかない。実際の支援では、少ない情報だからこそ、保育者の「こうであろう」「こうであるべきだ」「こうに違いない」という思い込みに偏らないように意識していく。事例では、すでに障害の診断を受け、療育にも通っているため、子どもの障害を受容できているのではとも解釈できるが、それも断定はできない。先ほど示したように、障害を受け入れられずにいるかもしれない。この見立てだけでも、支援の展開が変わってくる。

　限られた情報や手段だとしても、保護者のアセスメントを常に心がけ、保護者を知る努力をあきらめないことが重要である。事例でも、保護者を知る手段は少ないが、まったくないわけではない。送迎をしている祖母や連絡帳が、事例のなかでは母親とつながる重要な手段であろう。祖母の協力や連絡帳の活用を通して、いかに母親を知ることができるかが支援のはじまりといえる。

　さらに保育所等では、きょうだいを通して何年も関係が続く場合も多いだろう。

Step1 Step2 **Step3 プラスα**

事例では、「今の」保護者の状況を把握したうえで、支援につなげていくことが重要であると読み取れる。たとえば、「上の子は祖母が主となって子育てをしていたため、限られた経験しかなかった」、「きょうだいで体質や特性が異なり、同じような状況に遭遇しなかった」、「母親自身が忘れてしまっている」などの理由で、子育て経験がある保護者だとしても、新たに子育てを実践する力の向上につなげていく必要がある場合もある。保育者は「2人目だから」、「以前は問題になっていなかったから」と判断せず、一人ひとり、時々の子どもや保護者の状況を見極めることも重要であろう。

参考事例を下記に紹介する。

事例

0歳児の男児Bくんは、母親の産休が明けた生後4か月から通い始めた。Bくんには、姉が2人（小5と小3）いる。姉たちも同じ保育所に通っていた。その頃は、祖父母（父親の両親）と同居していたが、現在は祖父母とも他界しており、核家族である。年が離れて産まれた3番目の子どもであるため、母親は余裕を見せながらBくんにたくさんの愛情をそそいで育てている。Bくんが日中にせきや鼻水が多かったことを母親に伝えると、「病院に行ってきます」とすぐに受診するなど、姉たちのときの姿とは大きな違いが見られた。

ある日、Bくんの頭皮に白いかさぶたが目立ってきた。日ごとに増えてきて、かゆいためかBくんは機嫌が悪いときが多くなり、安定した睡眠や授乳ができなくなってきた。担任保育士が、お迎え時、母親に伝えると「頭をきれいに洗っているのに…洗い方がうまくなかったのかも…ていねいに洗ってみます」と言って帰った。しかし、翌日以降も一向にかさぶたがとれる様子がみられず、だんだんひどくなってきていた。担任保育士は、母親にじっくり話をする時間を作ってもらえないかとお願いした。数日後、母親と個別に話をすることができ、家庭での様子について具体的に聞いた。その結果、担任保育士は石けんを使って洗っているものだと思っていたが、母親はBくんの頭をお湯だけで洗っていることがわかった。母親は「石けんを使ってはいけないと思っていました」と驚いていた。その頃には、Bくんの頭皮にはかさぶたに加えて、赤く炎症している部分も見られたので、皮膚科を受診し、そこで石けんを使っての清潔習慣を学ぶこととなった。

第4講 子どもおよび保護者の状況・状態の把握

参考文献
- 大嶋恭二・金子恵美編著『保育相談支援』建帛社，2011．
- 笠師千恵・小橋明子著『相談援助　保育相談支援』中山書店，2014．
- 小林育子・小舘静枝・日高洋子著『保育者のための相談援助』萌文書林，2011．
- 澤伊三男・高橋幸三郎・小嶋章吾・保正友子編著『社会福祉援助技術演習ワークブック──社会福祉士による実践と教育をつなぐ試み』相川書房，2003．

COLUMN　子育てについての相談相手

　保護者は子育ての悩みなどを誰に相談しているのだろうか。厚生労働省の調査では、子育てについて「配偶者」や「自分の親」に相談する保護者が多いことがわかった。一方で、第3回調査と第4回調査の結果を比較すると、どの相手も割合が少なくなっているなかで、「保育士」は割合が増えていた。つまり、徐々に保育者の存在が大きくなっていると考えられる。さらに注目してほしいのは、「誰にも相談していない」の割合も若干だが増えていることだ。たとえ少ない人数であろうが、もし相談したいのに相談できない保護者がいるのであれば、その保護者にいち早く気づき、手を差しのべる、まさにアウトリーチができる保育者の存在が、これからさらに重要となるのだろう。

子育てについての相談相手（複数回答）　　　　　　　　　　　　　　　　　　　　　　（単位：％）

	相談する	配偶者	自分の親	配偶者の親	自分の兄弟姉妹	配偶者の兄弟姉妹	その他の親せき	友人・知人	医師	保健師	助産師・看護師	保育士	幼稚園の先生	カウンセラー（電話相談を含む）	インターネットのサイト	育児サークルの仲間	その他	誰にも相談していない
第3回調査	98.6	82.3	69.1	24.2	25.7	6.0	3.2	72.1	8.3	5.3	1.0	15.2	…	1.3	2.9	6.2	0.5	1.3
第4回調査	97.7	80.9	64.6	21.4	23.6	4.8	2.4	68.2	6.1	4.0	0.6	19.2	9.0	1.4	1.8	4.0	1.1	1.8

注1：第3回調査と第4回調査の回答を得た者（総数40,616）を集計。
　2：総数には相談の状況の「不詳」を含む。
資料：厚生労働省「第4回（平成16年度）21世紀出生児縦断調査」の結果を一部抜粋．

（青井夕貴）

第5講

支援の計画と環境の構成

保育者は、専門職として客観性の高い支援を展開する必要がある。そのために、計画的な支援を実践することが求められる。本講では、Step1 で支援の計画を立てる際の留意点を整理し、Step2 で事例にそった計画の作成を通して理解を深める。それらをもとに、Step3 では計画を立てる際の環境の構成について考察していく。

Step 1

1. 目標の設定

　アセスメントの結果をもとに、支援目標を設定する。ここで重要なことは、保護者が課題に取り組む意欲を保ち続けられるような目標を設定することである。保護者が「自分は何のためにがんばっているのだろう」「自分はどこに向かおうとしているのだろうか」などと目標を見失うと、どんなに充実した計画を立てようとも、それが継続して積み重なっていかなくなったり、意図しない方向に進んでしまったりして、保護者自身の子育てを実践する力にはつながらなくなる。また、「何をしていいかわからない」「今の自分にはできそうにない」などと保護者の現実とかけ離れた目標になると、取り組む意欲が阻害（そがい）され、継続が難しくなるだろう。保育者が誘導して目標達成するのではなく、保護者自身が「ちょっとがんばればできそう」と思える目標を立て、自分の力で達成したと感じられる経験を積み重ねることが、自ら子育てを実践する力となるのではないだろうか。

　意欲を保つための大きなポイントは、主に2つある。1つは、段階的に目標を設定することである。多くの場合、すぐに課題を解決することは難しく、時間をかけて取り組む必要があるだろう。たとえば、みなさんが1年後の目標を立てたとすると、その目標に向けて1年間ずっと意識し続けたり、意欲を保ち続けたりすることはできるだろうか。不可能ではないが、挫折したり、あきらめてしまったりする可能性も高いと考えられる。では、1か月後の目標を立てた場合はどうだろう。1年後の状況よりも、1か月後の状況の方が想像しやすく、意欲を保つことができる可能性はずっと高くなるのではないだろうか。つまり、支援においても、まず大きな目標として長期目標（1～数年後）を設定し、それを達成するために数週間～数か月の間は何を目指せばよいかという短期的な目標を積み重ねることが有効といえる（図表5-1参照）。

　もう1つは、目標（とくに短期目標）の内容を可能な限り具体的にすることである。たとえば、「貯金をする」という漠然（ばくぜん）とした目標ではなく、「何のために」「何を」を加え、「ハワイに旅行するための30万円を貯める」と具体化すると、行動に移しやすくなるのではないだろうか。目標の設定では、目標の主体となる人が「自分にできそう」と感じられるかが重要となる。「生活リズムを整える」「偏食を減らす」などという目標を立てたとしても、「生活リズム」や「偏食」とはどのような行動なのか、「整える」や「減らす」とはどのような状況なのか、などが漠然としているため、保護者と保育者の間でとらえ方の違いが出てくる可能性や、保護者自身が具体的な行動に移せない可能性も出てくるだろう。保護者の特性や力量、生活の状

図表5-1 目標の組み立てイメージ

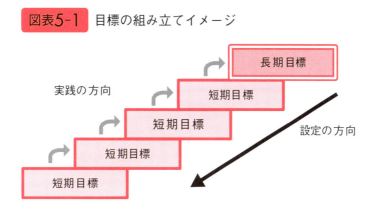

況などをふまえて、「9時」「1品」のように時間や量、回数などの数値を設定したり、「朝ごはんで」「寝る時間を」など生活のなかの場面や行動を設定したりすることで、保護者が自分たちの生活のなかで取り組みやすくする工夫が求められる。

2. 支援内容や方法の計画

　設定された目標を達成するために、何をどのように（支援の具体的内容）、誰が（支援の実施者）、いつ（支援の期間や頻度）、どこで（支援が実施される場所）実施していくのかを計画していく。これらについても、目標と同様に、可能な限り具体的に設定した方が実践や評価（第6講参照）につなげやすくなるだろう。例えば、「1週間に1回、担任が連絡帳で家庭での様子を尋ねる」「園長が、送迎時に母親へねぎらいの言葉をかける」など、園内であれば、担任・主任・園長の役割、保育所等の特性を活かした支援の場面や手段（第9講参照）を設定することも有効である。また、園内での支援に限界がある場合は、園外の専門機関等との連携や協働をすることになる。その場合、専門機関や専門職の特性や専門性、つまり社会資源の理解（第8講参照）をしておくことで、的確な支援を提供することができる。

　ただし、保育・幼児教育の領域における子育て支援は、あくまでも子どもの発達を支えるためにあり、子育て支援が独立するのではなく、保育や幼児教育そのものと密接に関連してくる。そのため、支援計画を立てて援助を展開していく場合もあれば、保育等の計画の一部に含まれる場合もある。例えば、障害（あるいは、その可能性）のある子どもの保護者を支援する場合、母親自身の育児不安が大きい場合、虐待（あるいは、その可能性）がある場合など、長期的なかかわりや特別な配慮が必要な保護者の場合は、支援計画を立てることが多くなるだろう。

Step 2

> **演習 1** 事例をもとに、保育所を利用する保護者の支援計画を立てよう

課題

① 支援計画の作成を通して、支援計画の内容や過程を実践的に理解する。
② 支援計画の作成を通して、具体的な記録の書き方を理解する。

進め方

① 事例、図表5-2の家族のプロフィール・エピソード、図表5-3の保育の記録を読む。
② 事例と図表5-2の家族のプロフィール・エピソードの内容をもとに、Aくん一家のジェノグラムを作成し、図表5-4の「支援計画ワークシート」に記入する。
③ 事例、図表5-2の家族のプロフィール・エピソード、図表5-3の保育の記録をもとに、次年度の3歳児に向けたAくんの母親に対する支援計画として、ワークシートに記入していく。
④ (可能であれば)受講生同士など2人やグループ、クラスで、各自が作成した「支援計画ワークシート」を共有する。

> **事例1**
> Aくん(2歳児)は、8月生まれで、入園して2年目である。父親は会社員(25歳)で、母親(23歳)は高齢者施設で介護の仕事をしている。祖父母(父方)は少し遠くに住んでいる。母親は異郷の人であり、Aくんが生まれるまでは母親の地元に住んでいた。図表5-3は、Aくんが2歳児クラスにいた1年間の記録である。

図表5-2 Aくん一家のプロフィール・エピソード

- 小学校の校長先生

- 専業主婦
- 園の行事には必ず来てくれる。

- 会社員
- 保育園の玄関で必ず立ち止まって一礼をして入ってくる。
- 降園時は、必ず一日の様子を保育士に聞いてくる。
- Aくんが車の話を始めると、とことんつきあっている。父親も楽しそうに、さらに詳しい知識を伝えている。

- 介護職
- 児童調査票に子どもではなく、自分の保険証の番号を書いていた。
- 半日保育士のときは、他児から大人気だった。
- 連絡帳では、Aくんの園での生活や困ったことへの対応に関する保育士への質問が多い。文章がたまに途中で終わっている。

Step2 プラクティス

図表5-3 保育の記録（Aくん、2歳児）

	子どもの姿	保護者の意向と家庭との連携	保育の課題	手だて	保育の経過
4月	・乗り物が大好き。車種や会社のマークを見て当てる。 ・思うようにいかないと、泣き叫び奇声を発する。自分で切り替えができない。 ・楽しいとき、気持ちが高ぶり大きく奇声を発する。しばらく同じ言葉を繰り返し言う。 ・「いや」「うん」で意思表示する。 ・単語が増えてきた。二語文で話す。 ・トイレには行くが、便器では出ない。	・友だちと仲良くできているかを気にしている。 ・母親の勤務時間が変更になり、早朝・長時間保育で父親が送迎を担う。母親とは連絡帳のやりとりが中心となる。	・要求を受け止めてもらえると感じ、安心して自分の気持ちを表す。 ・身の周りのことを保育士に手伝ってもらいながら自分でする。	・保育士と一対一のかかわりを大切にする。 ・園生活の流れにそって、同じ言葉かけと動作を繰り返す。	・保育士が一対一でかかわり、気持ちにそいながら生活を進め、児とともにいる時間が増えてきた。 ・想いが違うと奇声を発し、走り回る。
10月	・保育士より友だちとのやりとりが楽しくなってきた。 ・特定の子にしつこくつきまといトラブルになる。 ・指先の不器用さが目立つ。おやつの袋が開けられない。 ・言葉のやりとりが1往復できる。 ・同じ言葉を1日中繰り返し「ママ来る」「ウルトラマン」を言う。 ・順番がまったくわからない。	・園でできないことを家庭で練習したい。園の対応と同じやり方で進めたい。 →おやつの袋の開け方・着脱の順序とやり方を伝え、同じような対応で進める。	・手先の器用さが身につく。 ・言葉のやりとりを楽しむ。	・遊びのなかで手遊びや手先を使った遊具選びをする。 ・言葉と動作がマッチングできるように繰り返す。 ・ほめたり、励ましたりする。	・友だちへの関心が広がってきたが、気持ちとは逆の行動（つきまとい）になる。 ・家庭との連携で、少しずつ生活習慣を自分でしようとする姿がみられてきた。 ・順番については、次年度での取り組みとする。
個人懇談	7月【母親・主任・担任】 ・トイレトレーニング、パンツ移行の要望。 →本児の姿から無理であることを告げる。時期がみられたら両者で取り組む。 ・注意すると逆ギレしておさまらない。 ・本児の家庭と園の様子はほとんど同じ。場所移動や、大好きな自動車のおもちゃを持たせ落ち着かせる。	8月半日保育士【母】 ・仕事のお休みを利用。 ・家ではできないことができている場面もあった。家でも取り組みたい。 ・他児の様子をみて、標準的な発達の内容を知ることができた。もっと教えてほしい。 →クラスだよりや連絡帳などで伝えていくことにする。	11月【父親・主任・担任】 ・友だちとのかかわりが少ないため、今後取り組んでいきたい。 →保健センターで実施される発達相談会に参加し、対応方法を得たらどうかと誘う。 ・懇談時、父親は承諾した。しかし翌日、両親とも仕事を休めないので参加しないとの連絡あり。診断を受けることに抵抗がある様子。		2月【父親・担任】 ・吃音があるがどうしたらよいのか。 →話したい気持ちが高まると生じるので注意せず、あたたかく見守ることが必要。 ・大人が使うような言葉を話すが、やることと言葉はつながっていない。 ・3歳児になるまでにできるようになるとよいことは何か。
まとめ	【子どもについて】 ・生活習慣は、繰り返しのなかで、同じやり方を進めながら獲得するようになってきた。そばで、保育士が流れを示すような言葉かけと指示は必要。 ・吃音はあるが、少しずつ減ってきている。保育士が待ち、意図してゆっくり話しかけるとそのテンポで言葉が返ってくる。 ・質問すると、それに合った言葉が返ってきて、2往復、言葉のキャッチボールができる。 ・大人が話す言葉を使うが行動とはまったく結びつかない。 ・注意されると、「おばあちゃん来る！」「ウルトラマン！」と言い、回避しようとする。 ・逆ギレすることがなくなり「わかった」「もうしない」と冷静に言う。 ・特定の子からいろんな友だちとのかかわりが増えたことから、しつこく抱きしめたりすることがみかけられる。	【保護者・家庭について】 ・4月から母親が正規職員として勤務することになり、保育園とのやりとりは父親になった。さまざまな伝え方を工夫するが、母親まで伝わることは少なかった。 ・連絡帳の記入は母親が主にするが、なかなか本児の姿が届かなかった。 ・半日保育士を実施し、見てもらうことで少し理解してもらえた。その後、園での本児の困り感を記入すると、家庭で熱心に取り組み、かかわっていることがうかがえるようになった。 ・保健センターでの発達相談会への参加は得られなかった。時期を待つことにする。 ・家庭での困り感と、園での困り感が同じであることから、共有しやすいといえる。 ・衣服の着脱など、同じやり方がスムーズに身についていった。今後も、家庭と共有できる部分を増やしていきたい。			

図表5-4 支援計画ワークシート

対象	園児名　　　　　　　　　（　　歳　か月）男・女 保護者名　　　　　　　　（　　歳）父・母・その他	
家族構成・家族の状況・ジェノグラムなど		
子どもの状況		
保護者の状況		
課題・ニーズ（全体）		
長期目標		
課題・ニーズ	短期目標	支援方法・内容

Step1 **Step2 プラクティス** Step3

> **演習2** 事例をもとに、地域における子育て支援の計画を立てよう

課題

支援計画の作成を通して、地域の子育て家庭の状況に沿った計画の内容や作成過程について理解を深める。

進め方

① 事例を読み、自分が保育士Aさんだと想定して、下記のフォーマットを参考に1年間の支援計画を立てる。
② （可能であれば）受講生同士など2人やグループで共有する。あるいは、子育て経験のある人（自分の両親や親戚、近所の人など）に支援計画を見てもらい、感想や意見をもらう。

> **事例2**
>
> Aさんは、Z保育所に勤めて10年目の男性保育士である。最近、保育所を利用する複数の父親から、「子どもとの遊び方がわからない」「子どもと遊ぶ機会をなかなか作れない」という相談を受けることがあった。それを受けて、Aさんは「同じ男性である父親の目線に立って、父親の子育て支援をしたい」と考え、地域での子育て支援活動を実施することにした。

【長期目標】　・父親が子育ての楽しさややりがいを感じる
　　　　　　・父親が子育てに参加するきっかけを得る

	活動のねらい（短期目標）	活動の内容
第1回 （　月）		
第2回 （　月）		
第3回 （　月）		
第4回 （　月）		
第5回 （　月）		
第6回 （　月）		

第5講　支援の計画と環境の構成

Step 3

1. 保育所等における子育て支援の計画と環境の構成

　子育て支援は、保育者が保護者の相談に応じることだけではない。もちろん、保護者の気持ちをていねいに聴き、受けとめることが中心となる場合もあるが、保育所保育指針に「保育及び子育てに関する知識や技術など、保育士等の専門性や、子どもが常に存在する環境など、保育所の特性を生かし、保護者が子どもの成長に気付き子育ての喜びを感じられるように努めること」や「保育の活動に対する保護者の積極的な参加は、保護者の子育てを自ら実践する力の向上に寄与することから、これを促すこと」とあるように、保育所という物理的な環境や保育者という人的な環境を活用することで、保護者自身の気づきや自己選択・決定をうながすことも重要である。

　たとえば、絵本に関心のない保護者が、園だよりで紹介した絵本を子どもに読み聞かせてくれるかもしれない。保育者になかなか話しかけられない保護者が、玄関に置かれている相談機関のパンフレットをこっそり持って帰ってくれるかもしれない。食に関心のない保護者が、玄関に置かれている給食の見本を見て「おいしそう」と言ってくれるかもしれない。運動会や発表会、遠足などの行事、連絡帳の活用など（第9講参照）も同様である。保育の活動自体や今では当たり前のようになっている環境が、子育て支援につながる環境の構成ともなり得る。さらに同じ環境や同じ取り組みでも、意図や目標が複数存在する場合もある。ある保育所は、送迎時に会えない保護者が多いため、年長児クラスも連絡帳のやりとりをしている。また、ある保育所は、保護者と子どもとのやりとりを増やすため、年長児クラスでは連絡帳を使っていない。どちらの保育所も、保護者の状況や理念にもとづいて連絡帳を活用している。つまり保育者は、自分たちの取り組みが子育て支援においてどのような意味をもつのかを意識しながら、保護者のニーズに沿って意図的に環境を構成していくことが大切である。

　また、保育所保育指針では「保護者に対する子育て支援における地域の関係機関等との連携及び協働を図り、保育所全体の体制構築に努めること」とされている。地域の専門機関等との連携や協働については、**Step 1**で述べた通りであるが、これは施設内での連携や協働の体制が築かれていることを前提としてほしい。たとえば、子どもや保護者の情報を担任がまとめる→保育所内のケース検討会で共有し、他の職員からの情報も加える→すべての情報をふまえ、担任が支援計画を立てる→再びケース検討会を開き、支援の目標や内容について意見を出し合い、修正し、最終的な支援計画を完成させる、という流れで、アセスメントから支援の計画を職員

同士で共有、検討しながら作成する。無理に保育所内で協働しなければと考えるのではなく、支援計画の作成に職員全員で取り組めば、自然と保育所全体の体制が築かれ、すべての基盤となる環境の構成となるのではないだろうか。

2. 地域における子育て支援の計画と環境の構成

　保育所等の子育て支援は、個別支援だけではないと述べたが、とくに地域の子育て支援では、特定の保護者や家庭に焦点をあてるのではなく、地域の子育てを実践する力の向上を目指して、集団での活動を計画・実施することもある。近年では、母親への子育て支援のみならず、父親への子育て支援や祖父母への孫育て支援が積極的に行われるようになっている。

　たとえば、厚生労働省は父親のワーク・ライフ・バランス、つまり父親が仕事と子育てを両立でき、父親の子育て参加や育児休業取得等の促進を目的としたハンドブックやホームページを作成している。もちろん、このような制度・政策も子育て支援を支える環境の構成の一部となるが、**Step 2** の**演習 2** における事例のように、地域の実情に合わせ、より実践的・具体的な環境の構成も重要な役割を果たす（**第 9 講 COLUMN** も参照してほしい）。事例の保育士 A さんが実際に活用した支援計画の一部が**図表 5-5** である。この計画を参考にしながら、計画を立てる際の環境の構成について考えていく。

引用：父親の仕事と育児両立読本―ワーク・ライフ・バランス ガイド―（平成29年度厚生労働省委託事業、平成29年10月発行）

支援の目的

　子育て支援の目的のひとつとしては、「保護者の子育てを自ら実践する力」の向上がある。この目的を事例にそって父親と母親の側面からとらえる。

　まず、事例の大きな目的は「父親の子育て支援」である。つまり、子育てを父親自ら実践する力を向上していくことであるため、活動の場が「子どもを遊ばせる場」にとどまらず、「子どもと一緒に遊ぶ場」となるよう意識することが求められるだろう。半ば強制的にでも、父親が子どもにかかわらざるを得ない環境（きっかけや遊び）を構成することで、父親が子どもを知ろうとしたり、かかわりを試行錯誤したりする。その経験を繰り返すことによって、家庭で再び戸惑ったり、迷ったりし

図表5-5 活動の計画例

	活動のねらい	活動名	活動内容
第1回	・親子（父と子）で協力しながら、体を動かして遊ぶことを楽しむ。	汗と絆の祭典 全力運動会	チーム対抗戦バルーン玉出し競争、トンネルデカパン競争、パパ筋トレリレーなど
第2回	・親子（父と子）で水を使った夏ならではの遊びや体験を楽しむ。	ウォーターパラダイス	水遊び（水かけ合戦）、流しそうめん、大抽選会
第3回	・親子で協力して調理を行い、作ることや食べることを楽しむ。	クックパッパ	マシュマロコーンフレーク作り
第4回	・さまざまな体験や宿泊を通して楽しみながら親子の絆を深める。	お泊り戦隊パパレンジャー！	野外炊さん、スワンボート体験、キャンプファイヤー、オリエンテーリングなど
第5回	・身近にある絵本やタオルを使って親子でのふれあいを楽しむ。	絵本よみよみ＆タオル遊び	絵本選びと読み聞かせ、タオルを使った運動遊び
第6回	・親子で昔ながらのもちつきを体験したり、つきたてのもちを味わったりする。	ぺたぺたこねこね	もちつき、大抽選会

たとしても、父親自身が子どもと向き合おうとする意欲につながるのではないだろうか。

　一方で、実は母親にとっても、間接的な子育て支援になっている可能性がある。このような活動に父親が参加し、父親の子育てを実践する力が向上することで、父親と母親がバランスよく子育てに取り組んでいけるかもしれない。また、父親と子どもが活動に参加している間は、母親にとって自由な時間となり、一時的ではあるが子育てから解放されてリフレッシュできることで、母親自身の子育てを実践する力が回復するかもしれない。

　このように、子育て支援においては、直接的な対象や方法だけではなく、間接的に子育て支援の環境を整えることにつながる場合も多いため、多面的あるいは柔軟な発想や視点を大切にしてほしい。

活動の内容

　先述した支援の目的をふまえて、事例の活動の内容は、「家庭ではできない」内容と「家庭でもできる」内容のバランスに配慮されている。地域における子育て支

援は、その継続が保護者や子どもたちの意思にゆだねられている場合が多いため、「参加しないと味わえない！ 次も参加したい！」という特別感が味わえることも必要である。同時に、特別な場で終わらず、家庭での生活につながる場になることも必須であるため、そのバランスを考慮することも環境の構成といえる。また、Step 1 でも述べたように、支援計画の前半は比較的簡単に誰でもできる活動を中心として、後半にかけて少しずつスキルや経験が必要となる活動を行うようにすることも、保護者の自信、達成感、満足感、継続的な参加につながる環境の構成である。

　また、事例の活動では、はじまりと終わりを明確にするように工夫されている。とくに明確な「終わり」に関しては、ただ活動に参加するのではなく、活動の意義や楽しさなどを親子で振り返る機会とするためにも不可欠といえる。しかし、たとえば流しそうめんの場合、親子によって食べ終わるタイミングがさまざまであり、はやく食べ終わって飽きてしまう親子もいれば、延々と食べている親子もいる。そこで、活動の最後に大抽選会を行うことにした。大抽選会があると、早く食べ終わった方は「待たされた感」がなく抽選が始まるまで待ち、延々と食べている方は「中断させられた感」がなく抽選に合わせて食べ終えるようになった。一斉に終わることができるようになったため、振り返りや片付けなども円滑に進めることができるようになった。この「大抽選会」の活用がまさに環境の構成であり、保育士に誘導や指示をされて行動するのではなく、親子が自らの判断で行動できる経験を意図していることがわかる。

　最後は、健康・安全面への配慮である。基本的な環境の構成は、保育の活動と共通する部分もあるが、それに加えて、保護者や親子の状況にも合わせていく。例えば父親のなかには、子どもにかかわるときの力加減が分からなかったり、遊びに夢中になって危険な行動をとってしまったりする父親もいる。とくに父親との活動は、ダイナミックな動きがある内容が魅力となる場合もあるため、場所や物など物理的な環境の構成だけではなく、保育者とともに活動しながら、父親に力加減のコツを助言したり、活動中に注意喚起したりすることも必要となる。

参考文献
- 大嶋恭二・金子恵美編著『保育相談支援』建帛社，2011．
- 二宮祐子著『子育て支援——15のストーリーで学ぶワークブック』萌文書林，2018．

COLUMN 自立支援計画

　保育士は保育所だけが働く場ではない。保育所以外の児童福祉施設についても理解を深めてほしい。保育所等を中心とした支援計画については第5講でまとめたが、社会的養護の施設（児童養護施設や乳児院など）では、児童福祉施設の設備及び運営に関する基準において、入所している乳幼児、児童、母子等の自立を支援するための計画、つまり自立支援計画を個別に策定することが定められている。自立支援計画に関するガイドラインも作成され、子どもだけではなく、家庭、地域における援助目標や内容なども記載するようになっている。そのほか、運営指針やハンドブックなどにも自立支援計画について明記されていることから、社会的養護では重要な取り組みとされている。

（青井夕貴）

第6講

支援の実践・記録・評価・カンファレンス

　保育士が行う子育て支援では、支援の展開プロセスに沿いながら、その専門的知識・技術を活用した支援の実践が求められる。Step1では、支援プロセスにおける支援の実践、記録、評価について解説し、Step2では、事例にもとづいた演習により理解を深める。Step3では、評価やカンファレンスを通した実践の振り返りについて考える。

Step 1

1. 支援の実践

　支援計画に基づいて、保育士は保護者に対して直接的、間接的に支援を実践していく。基本的には計画に沿って実践をしていくが、計画はあくまでも計画である。計画に沿って実践できているか、解決に有効な実践になっているかなどの確認（モニタリング）を定期的あるいは必要に応じて行う。その結果によっては、計画の見直しや目標の再設定などが必要となる場合もある。

2. 保育士の専門的な知識・技術を活用した支援

　保育所保育指針解説（保育所保育指針第1章総則1-(1)-エ）には、保育士は「専門的な知識及び技術を、状況に応じた判断の下、適切かつ柔軟に用いながら、子どもの保育と保護者への支援を行うことが求められる」とあり、保育士に求められる知識および技術とは、①発達援助の知識・技術、②生活援助の知識・技術、③環境構成の知識・技術、④遊びを展開する知識・技術、⑤関係構築の知識・技術、⑥相談、助言の知識・技術であると示している（**図表6-1**）。保育士が行う子育て支援では、これらの知識や技術を活用して実践を行う。①から⑤は主に子どもの保育に関する知識・技術であり、⑥は保護者への支援に関する技術であるといえるが、保育士が行う子育て支援の実践では⑥のみ活用すればよいということではない。柏女・橋本は、保育士の専門性を生かした子育て支援の実践では、①から⑤の保育に関する知識・技術を基盤としつつ、⑥の支援に関する知識・技術（承認、支持、解説、情報提供、助言、行動見本の提示、物理的環境の構成、体験の提示等）を活用することとしている。[*1]

　保育に関する知識・技術を基盤とするというのは、たとえば、保育士が支援において保護者を支持、解説、助言するとき、ソーシャルワーク等の援助技術を援用しつつも、その視点は発達援助や生活援助、遊び等の保育に関することにあるといったことである。具体的には、保護者が子どもの発達で悩んでいる場合、保育士が、保護者が子どもとのかかわりについて話すのにじっくりと耳を傾けながら、その内容から発達援助の視点で子どもの状態を把握し、保護者がとまどいながらも発達に沿った対応をしようとしていることを支持する。その上で、今の子どもの状態を解説し、より効果的な対応を助言することにより、保護者の不安が和らいだり、問題

[*1]　柏女霊峰・橋本真紀『保育者の保護者支援　保育指導の原理と技術』フレーベル館，2008．

の解決に見通しをもつことができるというようなことである（図表6-2参照）。

また、保護者に対して保育士が実際に子どもにかかわる姿を見せる行動見本の提示や、保護者が適切に子どもの活動にかかわることが容易となるような物理的環境の構成、子育ての方法を獲得するための体験の提示等は、保育の知識・技術を応用した保育士固有の援助方法ともいえる。保育士が行う子育て支援の実践は、「保育及び子育てに関する知識や技術など、保育士等の専門性や、子どもが常に存在する環境など、保育所の特性を生かし、保護者が子どもの成長に気付き子育ての喜びを感じられるように」（保育所保育指針第4章子育て支援1－(1)－イ）行われるものである。

図表6-1　保育所保育指針解説に示された保育所の保育士に求められる知識及び技術

①これからの社会に求められる資質を踏まえながら、乳幼児期の子どもの発達に関する専門的知識を基に子どもの育ちを見通し、一人一人の子どもの発達を援助する知識及び技術

②子どもの発達過程や意欲を踏まえ、子ども自らが生活していく力を細やかに助ける生活援助の知識及び技術

③保育所内外の空間や様々な設備、遊具、素材等の物的環境、自然環境や人的環境を生かし、保育の環境を構成していく知識及び技術

④子どもの経験や興味や関心に応じて、様々な遊びを豊かに展開していくための知識及び技術

⑤子ども同士の関わりや子どもと保護者の関わりなどを見守り、その気持ちに寄り添いながら適宜必要な援助をしていく関係構築の知識及び技術

⑥保護者等への相談、助言に関する知識及び技術

図表6-2　保育に関する知識・技術を基盤として保護者支援に関する知識・技術を活用する例

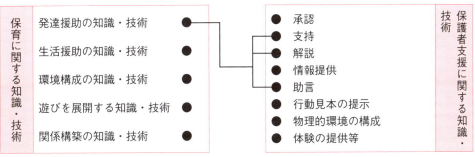

出典：柏女霊峰・橋本真紀『保育者の保護者支援　保育指導の原理と技術』フレーベル館、p107、2008．を一部改変．

3. 記録

　支援のプロセスなどを言語化して残すことは、保育士がそのプロセスを客観視するために有効な手段となる。保育士のかかわりと保護者の反応などのやり取りを書き残すことで、情報を整理することができる。また、あいまいになる記憶を振り返ることができ、カンファレンスやスーパービジョンなどの重要な資料にもなる。書式や様式はさまざまであり、園や組織で工夫して作成されている。書き方は、重要な部分を簡潔にまとめる方法や、時系列に経過を記述していく方法、話した内容を会話形式で記述する方法など、用途や伝えたい内容によって使い分けていく。記録は、継続して残していくことが大切になるため、書式や様式、書き方などは、無理なく続けられるように工夫していく必要がある。

　いずれの記録においても共通して気を付けておきたいことは、客観的な事実と保育士の見立て（考えや思いなど）を区別することである。記録は書いた本人が見るだけではなく、多くは他者が目にすることになる。その際、可能な限り、読み手によって誤差が生じるような文章は避けた方がよい。

　また、記録は書き残して終わりではなく、活用されて初めて有効なものになる。活用方法としては、自分で記録を見て支援を振り返る、他人に記録を読んでもらい意見を聞く、カンファレンスやスーパービジョンなどで記録を使うなどがある。記録を書くということ自体で自分が行ったことの確認や反省はある程度なされるが、時間をおいて読みかえすことで、思い込みが少なくなり、書いた時点よりも冷静かつ客観的に見られるようになることがある。さらに冷静かつ客観的に記録を読むことができるという点では、他人に記録を読んでもらうということは、時間をおいて読みかえすのと同等の効果があるとともに、自分では気づきにくい記録の書き方に関する癖などがわかる場合もある。

　時間をおいて読みかえすことや、他人に読んでもらうことは、誰が読んでもわかりやすい記録を作成するためにも大切なことである。保育士が子どもや保護者に対してよりよい支援の実践が行えるようになるための重要な記録である。したがってその整理や、保管についても十分に注意を払う必要がある。

4. 評価

　子育て支援は、設定された目標とそれを達成するための計画に沿って展開される。その展開プロセスにおいては必ず評価が行われるが、それには「事前評価（ア

セスメント)」「中間評価（モニタリング）」「事後評価（エバリュエーション)」がある。中間・事後の評価の段階では、支援のはじまりから振り返り、目標が達成できたか、なぜ達成できたのか、なぜ達成できなかったのか、目標達成以外に得るものはなかったのか、今後はどうしていくかなどを保護者とともに確認していく。前述したように、すべての目標が達成されるとは限らないため、たとえ目標が達成できなかったとしても、取り組みのプロセスのなかから次へのヒントやエネルギーを見出し、保護者のエンパワメントを目指す。事後評価により計画された期間や支援が終了したと判断されたら支援の終わりとなるが、保育士による支援の場合、保護者からの申し出があった、卒園や転園などによって継続ができなくなったなど終結の仕方はさまざまである。

　また、評価には「自己評価」「他者評価」がある。支援を行った保育士自身が自己評価をすることは、自分の支援やかかわりについて振り返ることにより、自己研鑽につながっていく。保育や子育て支援の知識や技術は、養成校等の授業や実習で学んだことを基礎として、現場で実際に親子とかかわりながら経験を積むことで徐々に築かれていく。とくに保護者とのかかわりは、養成校等の段階では経験する機会が少ないため、現場に出てからの専門的な知識・技術の活用を意識した実践により、保育士自身が意図的に資質向上をめざしていくことが求められる。

　子どもの保育や子育て支援には正解や統一された答えがなく、主観に偏りがちになることも多いため、絶えず自分を客観的に評価することが大切である。ここでいう評価とは、善し悪しを決めたり、非難したりすることではない。保育士自身が自分の援助、言動や心情、価値観などを振り返り、見つめなおすことである。そこから、自分の強みや長所を見つけ出し、自信や意欲につなげていき、逆に自分の課題や不足している部分なども整理し、改善するための方策を考え、次のステップにつなげていき、保育士としての資質向上をめざすことが自己評価の意義だと理解してほしい。

Step 2

> **演習1** 保育士の専門的な知識・技術を活用した支援の実践について考えてみよう

課題

日常の保育のなかで保育士が行っている支援の事例を分析して、Step 1で学んだ、保育士の専門的な知識・技術を活用した支援について実践的に理解する。

進め方

① 事例を読み、専門的な知識・技術を活用した支援を行っている保育士の言動を**図表6-3**の分析シートに書き出す。
② 分析シートに書き出した支援はどの知識・技術を活用しているかを分析して記入し、**図表6-4**で保育に関する知識・技術と保護者支援に関する知識・技術の組み合わせを考える（**図表6-2参照**）。
③ 事例1、事例2についてそれぞれ行う。

> **事例1**
> 1歳児クラスの担任をしている保育士は、送迎時の保護者との会話のなかで複数の保護者から、「このくらいの年齢の子にはどんな絵本を読んであげたらいいのかわからない」「どんなおもちゃがよいのか」「どのような遊びをしたらよいのか」という話を聞くことがあった。そこで保育士はクラスの保育士と相談して、クラスだよりで「遊びがうながす子どもの発達」というテーマでいくつかの遊びを紹介したり、保育で行った遊びの様子を写真で掲示したりした。また、園長先生にお願いして、園の絵本の貸し出しコーナーでは1～2歳向けの絵本コーナーを設置し、おもちゃの貸し出しも始めた。

Step1 **Step2 プラクティス** Step3

事例2

地域の子育て支援として保育所が開催している「親子のひろば」に参加していた0歳児の子どもと母親。その日の参加者は2〜3歳児の親子が多く、他に0歳児はいなかったからか、他の参加者と交流することもなく周囲の様子をうかがっているようであった。保育士が声をかけると、母親は引っ越してきたばかりで近くに知り合いがいないこと、初めての子育てでわからないことばかりであることなどを話してくれた。保育士が0歳児クラスの見学に誘って保育室に行くと、ちょうど離乳食を食べている子どもがいてその様子をじっと見ていた母親。「もっとたくさん与えなきゃと思っていたけど、それくらいの量でいいんですね。」などと保育士に質問してきたので、保育士は親子の家での様子を聞きながら質問に答えた。

図表6-3 支援の分析シート

支援ととらえられる保育士の言動	活用している知識・技術
（例）クラスだよりで発達をうながす遊びを紹介した	発達援助の知識・技術、遊びを展開する知識・技術　情報提供

図表6-4 この事例での保育に関する知識・技術と保護者支援に関する知識・技術の組み合わせ

保育に関する知識・技術			保護者支援に関する知識・技術
	発達援助の知識・技術	●	● 承認
	生活援助の知識・技術	●	● 支持
	環境構成の知識・技術	●	● 解説
	遊びを展開する知識・技術	●	● 情報提供
	関係構築の知識・技術	●	● 助言
			● 行動見本の提示
			● 物理的環境の構成
			● 体験の提供等

第6講　支援の実践・記録・評価・カンファレンス

演習2　記録を書くための練習をしてみよう

課題

① 記録を書く際に重要となる「客観性」の意味を整理し、理解する。
② 記録を書く際に活用される「文体」を理解する。

進め方

① 以下に示されている設問に回答する。
② 回答した内容について、2人またはグループで共有し、話し合う。

設問1　次の文章の客観性を高めるように、書き直してみよう。

・Bくんは、背が高い　→ ＿＿＿＿＿＿＿＿＿＿＿＿＿＿＿＿＿＿
・Cさんの部屋は汚い　→ ＿＿＿＿＿＿＿＿＿＿＿＿＿＿＿＿＿＿

設問2-1　最近あった出来事の事実のみを150字にまとめて書いてみよう。

設問2-2　設問2-1で記述した内容に、自分の考えや気持ちなどを含めて、150字にまとめて書いてみよう。

解説

「客観性」とは、誰しもが納得できる、つまり経験していない相手と同じイメージを共有できることといえる。したがって可能な限り具体的な情報を、あるいは目にした事実をありのままに記述することが、客観性を高める一手段となるだろう。

　記録の文体には、主に、時間の経過に沿って事実を記述する「叙述体」、事実に記録者の解釈や見立て、考えなどを加えて記述する「説明体」、そして、説明体の要点をしぼって短く記述する「要約体」がある。記録の目的によって、これらの文体を意識的に使い分けることが重要となる。

演習3　事例を読んでモニタリング・評価シートを記入してみよう

課題

第5講演習2の事例をもとに作成した活動計画の実践についてモニタリング（中

間評価）を行い、評価および記録についての理解を深める。

進め方

① 事例を読み、支援をする保育士の立場で**図表6-5**のモニタリング・評価シートに活動のモニタリング結果を記入する。
② 2人またはグループで共有し、話し合う。保育士の立場、保護者の立場双方から考えてみる。

事例3

　Aさんが開催した地域での子育て支援活動（第5講　図表5-5参照）には30組の親子が参加して第2回まで終了した。第1回の運動会では、最初は母親にくっついて来た子どもたちが、プログラムを通して父親のお馬に乗ったり、高い高いをしてもらったりして喜ぶ姿が見られた。父親たちも最終種目のリレーではフラフラになりながら楽しんでいる様子であった。第2回のウォーターパラダイスでは、父親チーム対子どもチームで水かけ合戦をして盛り上がった。最初は子どもに遠慮がちに水をかけていた父親たちも、最後は本気で子どもチームに応戦していた。母親たちは応援しながら父と子の様子を見守っていた。2回の参加で知り合いになった親同士で談笑する姿も見られた。水かけ合戦の後は流しそうめんや大抽選会を実施したが、率先して準備や片づけに協力する父親も数名いた。

図表6-5　モニタリング・評価シート

	活動のねらい	達成状況	達成度
第1回	親子（父と子）で協力しながら、体を動かして遊ぶことを楽しむ。		□達成 □ねらい変更が必要 □その他
第2回	親子（父と子）で水を使った夏ならではの遊びや体験を楽しむ。		□達成 □ねらい変更が必要 □その他
参加者の希望			
保育士の視点			
残された課題、新たな課題			
今後の対応　□計画継続 　　　　　　□再アセスメント 　　　　　　□終結	理由		

Step 3

1. 評価の視点

　中間や事後の評価では、計画時に設定した目標が達成されているか、支援の内容が適切か、支援の対象である保護者はどのように感じているか等について確認し、この評価をもとに支援の継続、計画内容の変更、支援の終結を決定することになる。評価を実施する際は、①保護者の現状や意向をとらえていたか、②①に見合った目標、計画内容を設定できたか、③支援の実践内容は十分であったか、④支援開始後、支援の妨げとなるような環境変化が起きていないか、⑤保護者の問題解決の意欲が持続できるような支援ができたか、といった視点で、目標達成の度合い、保護者や子どもの変化等について保護者とともにプロセスを振り返りながら検討を行う。評価の偏りを防ぎ、新たな気づきを得るために園長や園内の職員、ケースによってはほかの専門職等の意見も取り入れる。

2. カンファレンス

　支援のプロセスにおいて適切な目標や計画に基づいた支援を実践するために行われるのがカンファレンスであり、ケース会議、ケース検討会、事例検討会など、その呼び方はさまざまである。カンファレンスの最も重要な目的は、園内の職員、園外の他職種・多職種における情報共有や共通理解である。直接かかわる保育士はもちろんであるが、園全体や地域、チームで子どもや保護者を支えるためには、直接かかわらない職員・専門職であっても、支援の状況や役割について理解しておくことは欠かせない。

　円滑な連携や協働（チームワーク）体制を形成するためには、それぞれの立場や専門、考え方を互いに知り、共有し合う場や時間が必要である。その際、個人情報に関して十分に注意することも確認しておかなければならない。また、限られた保育士で支援を進めるのではなく、あらゆる視点から分析・検討することで、偏りを避け、客観性を高めることにもつながる。実施頻度もさまざまではあるが、支援のプロセスのなかでは、計画、実践、評価の各段階で、カンファレンスが行われることが望まれる。

3. PDCA サイクルの活用

　業務を円滑に進めるための評価の一手法として、PDCA サイクル（**図表 6－6**）

が用いられる。PDCAサイクルでは、まず自分の課題に対する目標を整理し、目標を達成するための計画を立て（Plan）、その計画に沿って実践を積み重ね（Do）、達成の度合いを評価して（Check）、改善点が明らかになったら（Action）、次の目標の整理につなげていく。子育て支援のプロセスと通じる部分も多い。しかし、子育て支援の「プロセス」とPDCAサイクルは明らかに異なる点がある。それは、端的に表現すると「プロセス」には終わりがあり、「サイクル」には終わりがないということである。つまり、保育士が保護者と子どもを一生かけて支援していくことはほとんどあり得ず、基本的には子どもが小学校入学まで、あるいは18歳になるまでと、必ず終わりがある。

　一方、保育士は保育士である限り、自分の専門性を高めていく努力は続けていかなければならないため、自分自身を見つめなおす作業には終わりはないということになる。このような点からしても、保育士（対人援助職全般）は、大きなエネルギーを必要とする職業であることがわかる。だからこそ、自分自身をポジティブに評価する視点ももちながら、自信や意欲につなげるための評価であることを理解しておくことが重要となる。

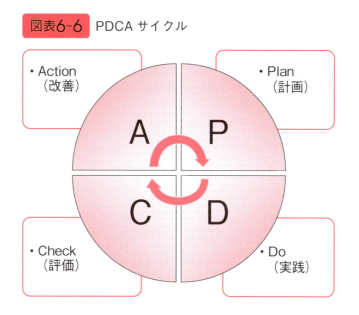

図表6-6　PDCAサイクル

参考文献
- 厚生労働省『保育所保育指針解説』フレーベル館，2018.
- 柏女霊峰・橋本真紀『保育者の保護者支援　保育指導の原理と技術』フレーベル館，2008.
- 橋本好市・直島正樹『保育実践に求められるソーシャルワーク――子どもと保護者のための相談援助・保育相談支援』ミネルヴァ書房，2012.
- ソーシャルワーク演習研究会編『すぐに使える！学生・教員・実践者のためのソーシャルワーク演習』ミネルヴァ書房，2018.

COLUMN　子ども家庭相談で利用する記録用紙

　子育て支援の相談には、保育所以外にも行政の子育て支援担当課や子ども家庭支援センターなどで応じている。これらの子ども家庭相談で利用する記録用紙には、フェイスシートや相談記録票、児童票や生育状況記録用紙、アセスメント・プランニングシート、経過記録用紙、評価記録用紙などがある。

① フェイスシート、相談記録票
　　相談者に関する基本的事項（氏名、生年月日、住所、家族構成、生活歴など）や相談内容に関する基本的事項（主訴、経過、紹介機関など）を記録する。

② 児童票、生育状況記録用紙
　　子どもの成育歴、発達の状況、問題行動などの情報を記録する。

③ アセスメント・プランニングシート
　　支援計画を作成するために収集した情報を記入し、整理・分析を行い、それをもとに今後の支援について検討し、設定した目標や計画した内容を記入する。

④ 経過記録用紙
　　相談者と支援者のかかわりを具体的に記録する。日時、支援内容、支援実施者などを記録する欄がある。

⑤ 評価記録用紙
　　支援の終結期に、終結に至った支援の経過について振り返り、支援者、相談者双方の評価を記入する。モニタリング時にはアセスメントやプランニングの内容に変更はないか等を確認するモニタリングシートを使用する場合もある。

（賞雅さや子）

第7講
職員間の連携・協働

保育所等において子育て支援を行っていくにあたっては、職員間の連携・協働が欠かせない。本講では、Step1で職員間の連携・協働の必要性、さらに保育の質の向上に向けた組織的な取り組み、職員間の連携・協働のためのカンファレンスについて解説し、Step2ではこれらを演習形式で学ぶ。Step3では、保育の質の向上に向けた組織的な取り組みのためのスーパービジョン、コンサルテーション体制を整えていくことの必要性などについて学ぶ。

Step 1

1. 職員間の連携・協働の必要性

連携・協働の形態

保育所における子育て支援は、**第8講**で取り上げるように地域の関係機関等との連携・協働を図っていくことが求められるが、それと同時に保育所内においても、「保育所全体での理解の共有や、担当者を中心とした保育士等の連携体制の構築に努め、組織的に取り組むことが重要」（保育所保育指針解説）となる。

このような連携・協働の形態は、**図表7-1**に示すような2つの軸で分類することができる。第1の軸（**図表7-1のたて軸**）は「同一機関―他機関」という連携・協働を図る機関の範囲の軸であり、第2の軸（**図表7-1のよこ軸**）は「同一職種―他職種」という連携・協働を行う専門職の範囲の軸である。

第一象限は、「同一機関内で他職種のメンバーと連携・協働を図る」という領域であり、保育所でいえば保育士、看護師、栄養士などが保育所内で連携・協働を図るということである。たとえば、体調不良の子どもへの対応や食物アレルギーのある子どもへの対応などが考えられる。

第二象限は、「同一機関内で同一職種のメンバーが連携・協働を図る」という領域であり、保育所における日常の保育、子育て支援を行っていくにあたって保育士同士が連携・協働を図るということである。保育所において最もよく行われている連携・協働の形態である。開所時間の長い保育所においては、登園時と降園時に対応する保育士が同じでない場合があるので、保育士同士の引き継ぎなど連携・協働は欠かせない。

第三象限は、「他機関の同一職種のメンバーと連携・協働を図る」という領域である。保育所の場合、この形態での連携・協働は少ないが、たとえば地域子育て支

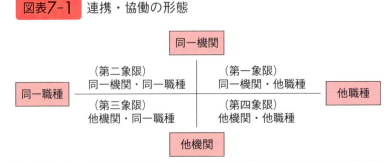

図表7-1 連携・協働の形態

出典：福祉職員キャリアパス対応生涯研修課程テキスト編集委員会編『(改訂) 福祉職員キャリアパス対応生涯研修課程テキスト初任者編』全国社会福祉協議会、p.83、2018. を一部改変。

図表7-2　連携・協働の効果

- 同一内容・水準のサービスを可能とする
- 一貫性のある、継続的なサービスを可能とする
- 多職種間で幅広い知識・技術、経験の共有ができる
- 総合的な視点からのアセスメント、目標設定、優先順位の決定、介入、評価ができる
- チームで努力することによりケアの質の向上を図ることができる
- カンファレンスなどを通じた、学習の機会の創出とメンバーの技術の向上につながる
- 記録の一体化などによる、事務作業等の効率化を図ることができる

出典：福祉職員キャリアパス対応生涯研修課程テキスト編集委員会編『（改訂）福祉職員キャリアパス対応生涯研修課程テキスト初任者編』全国社会福祉協議会，p.83，2018．

援拠点事業や小規模保育事業を実施している施設の保育士との連携・協働などが考えられる。

　第四象限は、「他機関の他職種のメンバーと連携・協働を図る」という領域である。保育所でいえば、保育所と地域の関係機関等が連携・協働を図るということである。たとえば、不適切な養育や虐待が疑われる保護者への対応において児童相談所の児童福祉司や市町村保健センターの保健師などとの連携・協働が考えられる。

　この第四象限の領域については**第8講**で詳しく取り上げている。

連携・協働の効果

　保育所における保育や子育て支援は、担任の保育士が一人で担うものではない。不適切な養育や虐待が疑われる保護者への対応を一人でかかえ込んでしまうと、問題の状況を悪化させてしまうこともある。したがって、保育所における保育や子育て支援は職員間の連携・協働、必要な場合には他機関、他職種との連携・協働を図っていくことが求められる。

　職員一人ひとりが専門性や経験を活かして連携・協働を図ることで、**図表7-2**に示したような効果が生み出されるのである。

2. 保育の質の向上に向けた組織的な取り組み

職位や職務内容等に応じた職員の資質向上

　保育所保育指針の第5章では、職員の資質向上について、「保育所は、質の高い保育を展開するため、絶えず、一人一人の職員についての資質向上及び職員全体の専門性の向上を図るよう努めなければならない」と記載されている。

また、保育の質の向上に向けた組織的な取り組みとして、職員がそれぞれの専門性を活かし、職員間で連携・協働して保育の質の向上に向けた課題の改善を行っていくことが求められている。具体的に、保育所保育指針には「保育所においては、保育の内容等に関する自己評価等を通じて把握した、保育の質の向上に向けた課題に組織的に対応するため、保育内容の改善や保育士等の役割分担の見直し等に取り組むとともに、それぞれの職位や職務内容等に応じて、各職員が必要な知識及び技能を身につけられるよう努めなければならない」と記載されている。

　さらに、「保育所保育指針解説」には、「同じ保育所内の職員間において、日常的に若手職員が育つよう指導や助言をして支え合っていく関係をつくるとともに、日頃から対話を通して子どもや保護者の様子を共有できる同僚性を培っておくことが求められる」と記載されており、職員間の連携・協働が強調されている。

　このように職員一人ひとりが連携・協働して取り組んでいくためには、「他の保育士等への助言や指導を行い、組織や保育所全体をリードしていく役割を担うことのできる職員の存在が必要」（保育所保育指針解説）となるため、このような職員の育成が必要となる。したがって、一定の経験を積んだ職員が、それぞれの職位や職務内容等に応じて、リーダーシップに関する能力を身につけられるように自己研鑽するとともに、組織として体系的な研修の機会の充実を図ることが求められる。

施設長の責務と専門性の向上

　前述のような職位や職務内容等に応じた職員の資質向上に向けて組織的に取り組んでいくためには施設長（園長）の存在が重要となる。したがって、施設長が自ら人間性と専門性を高めるなど自己研鑽に努めるとともに、「当該保育所における保育の質及び職員の専門性向上のために必要な環境の確保」（保育所保育指針）に努める必要がある。

　施設長には「保育の理念や目標に基づき、子どもの最善の利益を根幹とする保育の質の向上を図り、その社会的使命と責任を果たすよう、保育所全体で質の高い保育を行うためのリーダーシップを発揮すること」（保育所保育指針解説）が求められているのである。

3. 職員間の連携・協働のためのカンファレンス

　保育所保育指針には「職員が日々の保育実践を通じて、必要な知識及び技術の修得、維持及び向上を図るとともに、保育の課題等への共通理解や協働性を高め、保

育所全体としての保育の質の向上を図っていくためには、日常的に職員同士が主体的に学び合う姿勢と環境が重要であり、職場内での研修の充実が図られなければならない」と記載されている。

このような職場内での研修の1つとして**第6講**で紹介したカンファレンスがある。カンファレンスは、現在進行中の事例について、課題や支援の方針等を共有し、役割分担などを検討していくことを目的としているものと、すでに終了した事例について、その振り返りなどを通して学びを深めていくことを目的とするものに分けられる。

また、カンファレンスは同じ保育所内だけでなく、他機関の専門職も含めて行われることもあるが、いずれの場合も基本的には、①開催案内、②事例提供者への依頼、③会場の確保と準備、④助言者への依頼、⑤資料の準備、などを行う必要がある。助言者は、施設長（園長）や主任保育士などが行う場合もあれば、外部の学識経験者等に依頼することもある。

カンファレンスの実施に際しては、多くの参加者が意見を言えるような雰囲気をつくり、話し合いを活性化していくことが求められる。また、事例として取り上げられる家族等のプライバシーの保護に十分留意する必要がある。資料の作成の際に個人情報等の配慮をすることはもちろんのこと、原則としてカンファレンス終了時に提供事例の資料を回収することも求められる。

事例提供者は事前準備にも時間を費やす必要がある。また、カンファレンスは事例提供者の対応を厳しく責めたり非難したりする場ではないが、事例提供者は精神的に大きな負担がかかるものである。したがって、参加者は事例提供者に感謝の気持ちをもってカンファレンスに臨むことが求められる。さらに、カンファレンス終了後には上司・先輩などが事例提供者にねぎらいの言葉をかけるなどフォローアップしていくことも必要となる。

Step 2

> **演習 1** 保育実習を行った保育所における職員間の連携・協働を振り返ってみよう

課題

保育実習を行った保育所における職員間の連携・協働を振り返ることで、Step 1で学んだ職員間の連携・協働の必要性、保育の質の向上に向けた組織的な取り組みなどについて実践的に理解する。

進め方

（1）準備するもの

事前レポートとして、**図表7-3**のような形式で、保育実習を行った保育所で体験したこと（観察したこと、保育士から聞いた話を含む）を振り返って、以下の場面において職員間でどのような連携・協働が行われていたかをまとめてくる。

ア．日常の保育の場面
イ．早朝保育や夕方の延長保育の場面
ウ．障害がある子どもなど特別な配慮が必要な子どもへの対応の場面
エ．アレルギーの子どもへの給食提供の場面
オ．送迎時などでの保護者対応の場面
カ．職員会議やカンファレンスの場面

（2）方法

① 4～6人のグループを作る。
② 各自がまとめてきた事前レポートの内容をグループ内で発表し合う。
③ ア～オの各場面での職員間の連携・協働の必要性、連携・協働を図っていくうえでの留意点等についてグループ内で話し合ってまとめる。
④ 各グループで話し合った内容をクラスのなかで発表し、意見を共有する。
⑤ この演習で学んだこと、感想等を振り返りシートに記載する。

解説

保育実習中にア～カの場面のすべてを体験することはできないかもしれないが、小グループやクラスのなかで意見を共有することで、自分が体験できなかった内容について理解を深めることができる。それとともに、実際に保育所において職員間

の連携・協働を行っていくにあたっては、簡単ではないと感じる点なども気づくことができるであろう。

　たとえば、イの早朝保育や夕方の延長保育の場面においては、職員間の情報共有が重要であると言われるが、早朝保育を担当する保育士は、登園時に保護者から伝えられたことをどのようにして担任の保育士に伝えているのだろうか。担任の保育士が延長保育の担当ではないときに保護者に伝えたいことがある場合、どのように延長保育担当の保育士に伝えているのだろうか。保育所によっては、子どもの午睡の時間を利用して職員会議を行っている場合もあるが、その場合も誰かが子どもの様子をみている必要があるため、全員が参加することは難しいだろう。

　職員間の連携・協働が重要ということを理解するに留まらず、それぞれの場面で職員間の連携・協働がどのようになされているか、どのような工夫がされているかなどを考えることで、職員間の連携・協働の実施状況や課題などについて理解を深めることが大切である。

　このような職員間の連携・協働の実施状況や課題をふまえて、保育所保育指針および保育所保育指針解説の内容を読み返すと、より実践的な理解が深まる。

図表7-3 保育所における職員間の連携・協働の実際

場面	連携・協働の具体的な場面・方法	課題
ア．日常の保育		
イ．早朝保育や夕方の延長保育		
カ．職員会議やカンファレンス		

演習2　模擬カンファレンスを通して職員間の連携・協働の理解を深めよう

課題

① 模擬カンファレンスを体験する。
② 模擬カンファレンスの振り返りを通して職員間の連携・協働について実践的に理解を深めるとともに、自分自身の課題について考える。

進め方

（1）準備するもの

① 事前に文献等から子育て支援の事例を1人1つずつ調べてくる。今回は職員間の連携・協働について理解を深めるために実施する模擬カンファレンスなので、複雑すぎる事例や保育所以外の他機関が中心となってかかわるような事例は避けるようにする。事例のテーマを決めておくのもよい。たとえば、「子育てに悩んでいる保護者に関する事例」「保育所の行事のあり方についての苦情対応の事例」「保護者との信頼関係が築けていなくて悩んでいる保育士の事例」などが考えられる。
② 調べた事例をもとにカンファレンスの開催案内を作成して持参する。

（2）方法

① 6～8人のグループを作る。
② グループメンバーのなかから事例提供者を1人決める。
③ 模擬カンファレンスの司会役を1人決める。
④ 10分程度の模擬カンファレンスを実施する。事例提供者は簡潔に事例を説明し、メンバーは事例の課題に対する支援方法の提案や事例提供者に対する助言などを行う。司会役は、発言者が偏らないように配慮し、あまり発言していないメンバーに発言をうながすようにする。
⑤ 模擬カンファレンスが終わったら感想等を記載する。
⑥ 感想等を記載し終えたら、それぞれが記載したことを発表し合う。
⑦ 最後に事例提供者に対してねぎらいの言葉をかける。
⑧ 時間があれば、事例提供者、司会者を変えて④～⑦を繰り返して行う。

Step2 プラクティス

解説

　事例提供者は、事例の概要や必要な情報などを他のメンバーに簡潔に伝えることが重要である。実際のカンファレンスにおいては、事例に直接かかわっていない職員も参加する場合があるので事例の概要などをしっかりと伝えることが必要となる。

　事例提供者がうまく伝えられないときは、司会役やメンバー役が効果的な質問をすることで、必要な情報を事例提供者から引き出していくことも必要である。

　カンファレンスの実施に際しては、Step 1で述べたように多くの参加者が意見を言えるような雰囲気をつくり、話し合いを活性化していくことが求められる。そのために司会役がある程度リーダーシップを発揮して進めていくことが重要となるが、進行をすべて司会役に任せるのではなく、メンバー一人ひとりが意識して取り組むことが必要である。

　三隅二不二のリーダーシップPM理論によると、リーダーの行動は「P（Performance）行動」と「M（Maintenance）行動」に分けられる。P行動は、目標達成に向けてグループを牽引していくための行動であり、M行動は、メンバーを思いやりグループのよい雰囲気を維持していくための行動である。カンファレンスにおいてはP行動、M行動の両方を必ずしも司会役が行う必要はなく、他のメンバーがそれぞれの行動をとり、グループとして両方の行動が行われていれば、カンファレンスは活性化される。

　このような模擬カンファレンスを1回実施するだけで職員間の連携・協働を理解できるわけではないので、ここで考えた自分自身の課題を意識して、何回か模擬カンファレンスを体験して職員間の連携・協働で大切なことの理解をより実践的に深めていっていただきたい。

　また、事例によっては（たとえばアレルギーの子どもへの対応など）、栄養士役や看護師役も含めて模擬カンファレンスをしてみることも有効である。この場合、事前に保育所における栄養士や看護師の役割、それぞれの専門職の視点などを調べておく必要があるが、他職種の立場を経験することで他職種の理解にもつながり、職員間の連携・協働を進めていくにあたっての留意点を学ぶことができる。

Step 3

1. スーパービジョン

スーパービジョンとは

　Step 1 では、保育の質の向上に向けた組織的な取り組みについて説明してきたが、職員の資質向上のためには、保育所等においてスーパービジョンの体制を整えていくことも必要となる。

　スーパービジョンとは、実践経験、知識等をもつスーパーバイザーが経験の浅いスーパーバイジーに対して適切な助言や指導を行う過程である。保育所等では、一般的に園長や主任保育士などがスーパーバイザーとなり、担任の保育士等がスーパーバイジーとなる。園長や主任保育士は、スーパービジョンを通して、担任の保育士等がその能力を最大限に活かして、よりよい子どもの保育や保護者への支援ができるようにしていくのである。

　スーパービジョンには、スーパーバイザーとスーパーバイジーが一対一で行う個人スーパービジョン、スーパーバイザーと複数のスーパーバイジーで行うグループスーパービジョンなどの形態がある。

スーパービジョンの機能

　スーパービジョンの機能には、①管理的機能、②教育的機能、③支援的機能の3つがある。

　管理的機能とは、施設の目的に即して担任の保育士等が効果的に子どもの保育や保護者への支援ができるようにすることである。担任の保育士が働きやすいような組織づくりやその能力に応じた業務分担なども含まれる。

　教育的機能とは、具体的な事例への対応の指導などを通して、実践に必要な専門知識・技術、価値観などを担任の保育士等に伝えていくことであり、スーパービジョンの中核となる機能である。

　支援的機能とは、担任の保育士等の実践を精神的にサポートすることである。園長や主任保育士が後ろ盾となって、担任の保育士が精神的に安定した状態で業務に取り組んでいけるように支援していく。いわゆる「燃えつき症候群（バーンアウト）」の防止に大きな役割を果たす。

2. コンサルテーション

　コンサルテーションとは、外部から他職種の専門家を施設に招いて、支援に必要な専門的な助言や指導を受けるものである。たとえば、発達障害の子どもの保育について臨床心理士から助言を受ける、肢体不自由の子どもの保育について理学療法士や作業療法士などのリハビリテーションの専門家から助言を受ける、虐待対応について児童相談所の児童福祉司や弁護士などから助言を受けるなどがある。

　Step 1で取り上げたカンファレンスをより効果的にするために、外部の専門家を保育所等に招き、カンファレンスの助言を受けることもコンサルテーションと言える。

　保育の質の向上に向けた組織的な取り組みとしては、保育所等においてスーパービジョンの体制を整えていくとともに、コンサルテーション体制も整えていくことが必要とされている。

3. 働きやすい職場づくりに向けた職員間の連携・協働

　Step 1では保育の質の向上に向けた取り組みという側面から職員間の連携・協働を取り上げたが、働きやすい職場づくりに向けた取り組みという側面からみても、職員間の連携・協働は必要とされる。

　近年、保育士不足が社会的な問題となっているなか、各保育所等においても離職防止、職場定着の必要性が叫ばれており、離職者をいかにして減らしていくかということが課題となっている。離職の理由としては、「給料が低い」「休みを取りにくい」「労働時間が長い」「仕事が大変」などさまざまなものがあるが、職場の人間関係も離職の大きな理由として挙げられている。

　したがって、離職防止、職場定着のためには職場の人間関係を改善していくことが求められる。保育の仕事にさまざまな不満があっても、やりがいをもって保育の仕事を継続している保育士も多い。給与などの待遇面の改善は当然行っていく必要があるが、職員間の連携・協働を図り、職場の人間関係を良好に保っていくことが離職率の低下につながっていくと考えられる。

参考文献

- 福祉職員キャリアパス対応生涯研修課程テキスト編集委員会編『(改訂) 福祉職員キャリアパス対応生涯研修課程テキスト初任者編』全国社会福祉協議会, 2018.
- 福祉職員キャリアパス対応生涯研修課程テキスト編集委員会編『(改訂) 福祉職員キャリアパス対応生涯研修課程テキストチームリーダー編』全国社会福祉協議会, 2018.
- 大塚達雄・井垣章二・沢田健次郎・山辺朗子編著『ソーシャル・ケースワーク論』ミネルヴァ書房, 1994.

COLUMN　保育士等キャリアアップ研修

　保育所において職員一人ひとりが連携・協働して職務に取り組んでいくためにはリーダー的な役割を担う職員の育成が必要となる。保育所保育指針では、「保育所においては、当該保育所における保育の課題や各職員のキャリアパス等も見据えて、初任者から管理職員までの職位や職務内容等を踏まえた体系的な研修計画を作成しなければならない」と記載されている。

　このような状況のなか、厚生労働省は、保育現場におけるリーダー的職員等に対する研修内容や研修の実施方法等について、2017年4月に「保育士等キャリアアップ研修ガイドライン」を定め、保育士等のキャリアアップに関する研修を全国的に展開する仕組みが示された。

　リーダー的な役割を担う保育士等に対する専門分野別研修としては、①乳児保育、②幼児教育、③障害児保育、④食育・アレルギー対応、⑤保健衛生・安全対策、⑥保護者支援・子育て支援の6分野が示された。さらに、リーダー的な役割を担う保育士等としての経験があり、主任保育士のもとでミドルリーダーの役割を担う者に対するマネジメント研修も示された。

　このような保育士等キャリアアップ研修を活用していくことによって、職位や職務内容等に応じた職員の資質向上を図っていくことが求められる。

（石田慎二）

第8講

社会資源の活用と自治体・関係機関や専門職との連携・協働

近年、家庭や地域の子育て力の低下が指摘されてきている。子どもにとってよりよい保育環境を確保するためには、保育所、家庭、地域がそれぞれの機能の充実をはかるとともに、相互の連携を強化し、一体となって子どもの保育に取り組む環境づくりを進めていくことが必要である。しかし、深刻化する児童虐待などのように、保育所だけでは対応が難しい場合もある。本講では、子どもを取り巻く種々の問題に対応するため、どのような関係機関があるのかを紹介する。

Step 1

1. 社会資源とはなにか

社会資源とは

　保育所には、保護者と連携して子どもの育ちを支えるという視点をもち、子どもの育ちを保護者とともに喜び合うことを重視して支援を行うとともに、地域で子育て支援に携わるほかの機関や団体などさまざまな社会資源との連携や協働を強めていくことが求められている。多様化する保育ニーズに対し、その支援を適切に行うためには、保育所の機能や専門性の範囲に加え、関係機関および関係者の役割や機能をよく理解し、保育所のみでかかえ込むことなく、連携や協働を常に意識して、さまざまな社会資源を活用しながら支援を行うことが求められる時代になってきた。

　社会資源とは、『社会福祉用語辞典』によると、「福祉ニーズを充足するために活用される施設・機関、個人・集団、資金、法律、知識、技能等々の総称である」とある[*1]。社会資源の種類には、**図表8-1**に示すように、フォーマルな社会資源と、インフォーマルな社会資源に分類できる。

　たとえば、フォーマルな社会資源である制度には、妊娠中・出産時の助成、子ども手当、医療費の助成、ひとり親家庭への手当、障害のある児童への手当などがある。同様に施設や機関として、子どもの福祉に関する行政機関や、子どもの保健医

図表8-1 社会資源の種類

	提供主体	特徴	機関の特徴
フォーマルな社会資源	制度化された社会資源　行政サービス、公的サービスを提供する民間組織によるサービス	画一的なサービスとなりやすい。最低限のサービスが保障され、経済的能力に応じて提供され、公正性がある。	法律や制度・児童相談所・保健所・役所・民生委員・児童委員・社会福祉法人・非営利法人（NPO）など
インフォーマルな社会資源	制度化されていない社会資源　法律・制度に則らないサービス、善意を中心に設立	柔軟な対応が可能である。専門性に低く安定性、継続性に弱さがある一方、情緒面での支援に大きく貢献できる。	家族、親戚、友人、知人、近隣の人、ボランティアなど

*1　中央法規出版編集部編『社会福祉用語辞典』中央法規出版，p.237，2012.

療に関する医療機関がある。一方、インフォーマルな社会資源は、法律や制度に則らないサービスで、ボランティアグループが行うサービス（有料・無料にかかわらない）だけでなく、家族・親戚・近所の人の力も、インフォーマルサービスに含まれる。このように、社会資源は広い概念で使用されており、一概に範囲を示すことは難しい。

保育所における社会資源のとらえかた

保育における社会資源とは、保護者支援、地域子育て支援に資すると予想される社会のさまざまな専門機関、施設、活動、人材、場所および事物のことである（仲, 2011）[*2]。具体的には、保育所において、連携を欠かせない社会資源には、児童相談所、福祉事務所、要保護児童対策地域協議会、市町村相談窓口、市町村保健センター、療育センター、教育委員会、民生委員・児童委員などがあげられる。これらの関係機関は、多様化する子どもの養育環境上の種々の課題について、保育所だけでは解決できないところを一緒に考え、支援を行う大切な役割を担っている。保育の現場では、今後これらとの連携およびその活用に積極的に取り組み、子育てに取り組む保護者と地域子育ての支援に貢献することが期待されている。

2. 関係機関の役割と連携

児童相談所

児童相談所は、児童福祉法第12条に基づく児童福祉の中核的行政機関であって、各都道府県、指定都市および児童相談所設置市（横須賀市と金沢市）に設置されている。児童相談所運営指針では、「市町村と適切な役割分担・連携を図りつつ、子どもに関する家庭その他からの相談に応じ、子どもが有する問題又は子どもの真のニーズ、子どもの置かれた環境の状況等を的確に捉え、個々の子どもや家庭に最も効果的な援助を行う」とされている。児童相談所の基本的機能として、次の4つがある。

（1）市町村補助機能

市町村相互間の連絡調整、市町村に対する情報の提供そのほか必要な援助を行う機能である。市町村職員への研修の実施や法律の改正の紹介、事例の対応に関する

---

*2　仲真人「保育における「（社会）資源」：概念分析」『新潟青陵大学短期大学部研究報告』第41号, 2011.

助言等がある。

（2）相談機能

児童福祉司・児童心理司・医師・児童指導員・保育士・保健師等の職員がおり、専門的な知識や技術を必要とする子どもの相談に応じている。必要に応じて子どもの家庭、地域状況、生活歴、発達、性格、行動等について調査、診断、判定し、それに基づいて援助指針を定め、関係機関等と連携し子どもの援助を行っている。

（3）一時保護機能

必要に応じて子どもを家庭から離して一時保護することができる（児童福祉法第33条）。たとえば、子どもに保護者または宿所がないために子どもを保護する必要がある場合や、虐待、放任等の場合などである。

（4）措置機能

児童福祉法において、県または児童相談所が実施する行為のことである。この行為には、児童福祉司等による子どもや保護者への指導の実施や、保護者に訓戒を加え誓約書を提出させたり（児童福祉法第26条・第27条）、子どもを乳児院・児童養護施設等に入所させることができる（児童福祉法第27条）。また、場合により子どもを里親に委託することもある。たとえば、日常的に親からひどい虐待を受けている子どもは、家庭で養育される環境として不適切であり、親による養育が適わない場合の代替養護として、子どもの養護に適した施設や里親のもとに預けられる。

福祉事務所

社会福祉法第14条に規定されている「福祉に関する事務所」のことである。福祉六法（生活保護法、児童福祉法、母子及び父子並びに寡婦福祉法、老人福祉法、身体障害者福祉法及び知的障害者福祉法）に定める援護、育成または更生の措置に関する事務を行う社会福祉行政機関である。都道府県および市（特別区を含む）は、設置が義務づけられている。都道府県福祉事務所では、老人福祉、身体障害者福祉および知的障害者福祉分野で、施設入所措置事務等が都道府県から町村へ移譲されたことから、福祉三法（生活保護法、児童福祉法、母子及び父子並びに寡婦福祉法）を所管している。

具体的な児童福祉分野における業務内容には、子どもに関するものとして、乳幼児への医療費助成、保育所の入所や、入所できない場合の保育施設の紹介、虐待、不登校などの相談や対応、児童手当に関するものがある。ひとり親家庭（母子家庭、父子家庭）に関するものとして、児童扶養手当、母子家庭等医療費等助成、母子家庭等自立支援（母子家庭または父子家庭の自立を促進する制度）に関するものがある。

民生委員・児童委員

　民生委員は、民生委員法に基づき、厚生労働大臣から委嘱され、それぞれの地域において、住民からの相談に応じ必要な援助を行っており、児童福祉法に定める児童委員を兼ねることとされている。民生委員・児童委員は、全国統一の制度であり、すべての市町村に配置されている。

　民生委員・児童委員の活動の幅は広く、特定の区域を担当し、高齢者や障害がある人の福祉に関すること、子育てなどの不安に関するさまざまな相談および支援を実施している。さらに、担当区域に支援が必要な人がいないか、その状況を把握するとともに、福祉サービスに関する情報提供等も行っている。児童相談所、福祉事務所等とも連携しながら、必要な社会資源の提供を行うこともある。また、民生委員・児童委員のなかから厚生労働大臣に指名されて、児童福祉に関する事項を専門に担当する主任児童委員がいる。特定の区域を担当せず、地域の児童福祉に関する機関の連携を図り、区域担当の児童委員の活動を支援している。このように、民生委員・児童委員は、個人の家庭の状況等について、詳細な事柄を知る立場にある。

保健医療に関する機関との連携

　保健医療に関連する機関としては、保健センター、保健所、病院や診療所等の歯科領域を含む医療機関等がある。これらの機関から、保育現場で必要となる子どもの健康や安全に関する情報や技術の提供を受けることができる。

　また、保育所の嘱託医や歯科医と密接に連携し、保育現場で発生した疾病や傷害の発生時における具体的な対応や助言を得るとともに、日頃から情報交換を行うことが必要である。その際、子どもや家庭の個人的な情報に関しては、守秘義務の徹底が求められる。

母子保健サービスに関する機関との連携

　乳幼児健診や訪問事業など、市町村が実施する各種保健サービスによって得られる子どもの健康状態、発育や発達状態に関する情報は、保育現場において有効である。保護者の了解を得て、母子健康手帳等も活用していくとよい。

　市町村が実施する乳幼児期の健診は、乳児、1歳6か月児および3歳児を対象として実施されている。特に保健師は、乳幼児健診に立ち会う専門職であり、病気や障害の早期発見だけでなく、親の育児不安や、児童虐待の危険性に関するスクリーニングも実施し、保健指導のみならず、親の側に立った子育て支援も行っている。

そのほか、各地域自治体によって独自に他の年月齢を対象としていることもある。また、生後4か月までの乳児家庭全戸訪問事業（こんにちは赤ちゃん事業）が全国的に実施されている。これらの健診や保健指導と保育所における健康診断を関連させ、子どもの状態をより正確に把握(はあく)することが求められる。特に保健センターで発達上の課題や、児童虐待等の疑いが発見された場合、当該児童が在籍する保育所に訪問して、健診後のフォローを行っている自治体もある。

障害等のある子どもに関する機関との連携

障害等のある子どもに適切なかかわりをするために、医療機関や療育機関との連携が望まれる。2012（平成24）年の児童福祉法の一部改正が施行されたことに伴い、障害児支援の強化の必要性から、保育所等訪問支援が新たに創設された。その内容は、指定を受けた事業所が保育所、幼稚園、小学校、特別支援学校、認定こども園、その他児童が集団生活を営む施設に専門職を派遣し、障害児本人に対する集団生活への適応のための訓練や、訪問先施設の職員に対する支援方法の指導等を行うものである。

その他にも、かかりつけ医や保健センター等との連携をはじめ、育てにくさを感じている保護者に対しては、子育てに前向きになれるよう子どもへの理解や対応についてのプログラムを紹介したり、児童発達支援センター等の専門機関からの助言を受けたりするなど、状況に応じて関係機関と協力しながら支援していくとよい。就学に際しては、保護者の意向をていねいに受け止めつつ、小学校や特別支援学校等、就学先との連携を図ることが必要である。

専門機関との連携により、療育にたずさわる専門職による専門的な対応や知識・技術を学ぶとともに、保育所での日々の子どもの様子を伝えるなど、情報交換を通じ、障害特性に応じた理解を深めていくことができる。

児童虐待防止等に関する連携

児童虐待には、身体的虐待、性的虐待、ネグレクト、心理的虐待がある。児童相談所が児童虐待相談として対応した件数は、毎年増加の一途をたどっている。児童虐待では、子どもが死亡に至る場合もあるため、社会全体で考えていかなければならない喫緊(きっきん)の課題となっている（第13講参照）。

保育現場では、不適切な養育を受けている子どもや虐待の疑いのある子どもを発見する場合がある。児童虐待は、身体的、精神的、社会的、経済的等の要因が複雑にからみ合って起こると考えられており、簡単に解決できる問題ではない。特に保

Step1 レクチャー

育所単独での判断による対応を行うと、状況がさらに悪化することも考えられる。児童虐待対応では、家庭支援が特に重要になる場合が多く、支援する側の身体的負担感や精神的負担感は大きい。そのために、多くの関係機関と連携しながら対応することが必要不可欠となる。

まず、児童虐待を保育所で発見した場合は、すみやかに市町村の児童福祉部門へ連絡し、さらに必要に応じて児童相談所に連絡し、早期に子どもの保護や保護者への対応にあたることが必要である。通告を受けた市町村の関係部門は、要保護児童地域対策協議会を組織している。この協議会は、自治体により構成機関に違いは認められるが、一般的に**図表8-2**のように構成される。

小学校との連携

子どもの生活と発達は、乳児期から幼児期を経て学童期へと連続している。遊びや生活のなかで積み重ねられてきた子どものさまざまな側面の育ちが、小学校以降の生活や学びの基盤となる。そのため、子どもの生活や発達の連続性をふまえた保育の内容の工夫、小学校の子どもや職員間の交流など積極的な連携に取り組むことが奨励されている。

図表8-2　要保護児童対策地域協議会の組織例

【児童福祉関係】
・市町村の児童福祉、母子保健等の担当部局
・児童相談所
・福祉事務所（家庭児童相談室）
・保育所（地域子育て支援センター）
・児童養護施設等の児童福祉施設
・児童家庭支援センター
・里親
・児童館
・民生・児童委員協議会、主任児童委員、民生・児童委員
・社会福祉士
・社会福祉協議会

【保健医療関係】
・市町村保健センター
・保健所
・地区医師会、地区歯科医師会、地区看護協会
・医療機関
・医師、歯科医師、保健師、助産師、看護師
・精神保健福祉士
・カウンセラー（臨床心理士等）

【警察・司法関係】
・警察（警視庁及び道府県警察本部・警察署）
・弁護士会、弁護士

【人権擁護関係】
・法務局
・人権擁護委員

【教育関係】
・教育委員会
・幼稚園、小学校、中学校、高等学校、盲学校、聾（ろう）学校、養護学校等の学校

【その他】
・NPO
・ボランティア
・民間団体

資料：厚生労働省「要保護児童対策地域協議会設置・運営指針」の「第2章　要保護児童対策地域協議会の設立」をもとに作成。

第8講　社会資源の活用と自治体・関係機関や専門職との連携・協働

Step 2

演習1 自分たちの周りに存在する社会資源を整理してみよう

課題

身近にある社会資源の種類を理解する。

進め方

① 図表8-3に沿って、自分たちの周りにあるフォーマルな社会資源と、インフォーマルな社会資源を具体的にあげ（利用経験の有無は問わない）、さらにそれらの社会資源を人的な社会資源とそれ以外の社会資源（物的な社会資源・サービス等）に分類し、4つの枠に当てはめる。

② 回答した内容について、2人またはグループで共有し、自分が思いつかなかった社会資源があれば、追加していく。

図表8-3 社会資源の分類

	フォーマルな社会資源	インフォーマルな社会資源
人的		
物的・サービス等		

図表8-4 事例に基づいた社会資源

ニーズ	社会資源	社会資源の役割

Step2 プラクティス

演習2　事例に基づいて、必要な社会資源は何かを考えてみよう

課題

社会資源の具体的活用を理解する。

進め方

① 事例を読み、ここに登場する家庭にはどのようなニーズがあり、それに対してどのような社会資源が活用でき、その社会資源がどのような役割を果たすのか、図表8-4に沿って具体的に書き出す。

② 回答した内容について、2人またはグループで共有し、自分が思いつかなかったニーズや社会資源があれば、追加していく。

事例

　2歳になるA君の母親は、20歳で出産し、A君が1歳になるときに離婚した。離婚後は、毎月養育費を3万円入れることを約束していたが、数か月でお金の振り込みがなくなった。母親は、夜遅くまで預かってくれる託児所を利用しながら、パートタイムで生活をやりくりしていたが、間もなくして、貯金も底をつくようになった。このままでは、生活が成り立たないと思い、市役所の相談窓口を訪れた。市役所の担当者は、母親の表情の暗さや、子どもに不自然な傷があること、子どもの言葉に遅れが見られることなど、かなり気になる点があったので、保育所の利用をすすめた。

　保育所を利用し始めたある日、A君の太ももに何かに押し付けられたような傷跡があり、衣服が何日も洗濯されていない様子が確認された。母親の迎えの時に、事情をうかがったところ、最近はイライラする日が続いていて、何事にもやる気がない、なかなか寝られない様子だった。表情も暗く、しゃべり方にも覇気がない。さらに、今まで続けていたパートも最近やめ、日中どこにも行かず、寝ている時が多くなったようだ。近所づきあいも面倒くさいと言っており、地域での孤立も心配された。

Step3

1. 多問題をかかえる事例への対応と関係機関

演習課題における事例への対応として

　事例から読み取れるA君の家庭の問題として、母親の精神的な状況の悪化や、家計の悪化が考えられる。日中は寝ている状態にあり、何事にもやる気がなく、物事への興味や関心が薄れていることが分かる。この状況が、子どもの何日も洗濯されていない服にも表れていると思われる。また、今まで続けていたパートの仕事もやめたことで、収入がなくなり、かなり経済的に厳しい状況にあることが考えられる。

　この事例の場合、保育所としてどのように対応するとよいのだろうか。まず第一には、役所へ報告をするべきである。虐待を疑わせるような不自然な傷があることから、子どもが不適切な養育におかれていると考えられるからである。場合によっては、児童相談所の専門職員からのアドバイスをもらうとよい。母親へは、医療機関への受診を勧めるとよいだろう。母親の精神状態を改善するために、医療へつなげる必要がある。さらに、子どもの言葉の発達においても気になる点が見られたことから、保健センターとも連携をもつとよい。保健センターでは、各種相談や、療育なども行われているためである。さらに、地域で孤立しているようなので、民生委員・児童委員にも協力をもらい、家庭訪問を行うなかで、社会福祉の制度やサービスについて情報提供を行ってもらうとよい。

　このように、一人の事例であっても、多くの関係機関が対応することがあるため、保育所は常に地域の社会資源について情報を収集しておくことが大切である。

子育て支援を行う地域子育て支援拠点事業

　地域子育て支援拠点事業は、地域の子育て中の親子の交流促進や育児相談等を実施し、子育ての孤立感、負担感の解消を図り、全ての子育て家庭を地域で支える取り組みを行うところである。平成29年度における実施個所数は、7259か所となっており、将来的には全国で1万か所（中学校区に1か所）の設置目標を掲げている。平成19年度に、地域子育て支援拠点事業は、「センター型」「ひろば型」「児童館型」として創設されて以来、平成25年度に事業類型が「一般型」「地域機能強化型」「連携型」に再編された。さらに平成26年度からは「地域機能強化型」の機能を利用者支援事業に発展的に移行し、地域子育て支援拠点事業の類型は「一般型」「連携型」に再編された。

　主な業務には、子育て家庭の親とその子ども（主としておおむね3歳未満の児童

および保護者）を対象として、子育て親子の交流の場の提供と交流の促進、子育て等に関する相談、援助の実施、地域の子育て関連情報の提供、子育ておよび子育て支援に関する講習等の実施がある。

地域子育て支援拠点事業を行う施設は、互いに連携・協力し、情報の交換・共有を行うよう努めながら、保育所、福祉事務所、児童相談所、保健所、児童委員（主任児童委員）、医療機関等と連携を密にしながら、利用者の支援にあたることが望まれている。

2. 地域資源の積極的利用

地域には、今まで紹介してきた公的な社会資源のみならず、自然環境や多様な施設があり、また、種々の技能をもっている人たちが暮らしている。そのような場所や人材は子どもの保育の充実にとって大切な資源ともいえる。地域には子どもがたくましく育つための多様な資源があることから、それらを可能な限り発見し、保育の充実に充てることは、大切な観点である。「保育所保育指針」の「第4章 保育の計画及び評価」「1. 保育の計画」に、「地域の自然、人材、行事、施設等の資源を積極的に活用し、豊かな生活体験を始め保育内容の充実が図られるよう配慮すること」と記載されていることから、子どもたちが、地域の自然に接したり、異年齢の子どもをはじめとする幅広い世代の人々と交流したり、社会のさまざまな文化や伝統にふれたりする直接的な体験が不足しがちとなっていることが背景にあることがうかがえる。したがって、地域において子どもが豊かな体験を得る機会を積極的に設けることが必要になる。

地域の人との交流や自然環境などの取り組み例

地域に暮らしている幅広い世代の人と交流を行うことで、子どもたちの豊かなこころの成長につながることが期待できる。たとえば、高齢者施設での交流会、地域の人と一緒に遊ぶ（伝承遊び、ふれあい遊びなど）、小学生や中学生とふれあうなど、その地域の特徴に合わせて、いろいろな取り組みが紹介されている。

また、地域の自然環境や施設などの見学を行い、日常の保育所とは違った環境にふれることで、興味や関心に幅が出てきたり、新しいことを知る喜びにつながることが期待できる。たとえば、地域の図書館、消防署、工場、伝統文化施設などの見学や、スーパーなどでの買い物体験、公園で植物や昆虫に触ったりなど、さまざまな取り組みが展開できよう。

参考文献
- 小野澤昇・田中利則・大塚良一編著『子どもの生活を支える──家庭支援論』ミネルヴァ書房,2013.
- 塩谷香編著『保育者・子育て支援者のための家庭支援ガイド』ぎょうせい,2011.
- 「全国保育協議会 会員の実態調査 報告書」社会福祉法人全国社会福祉協議会・全国保育協議会,2016.

COLUMN　子育て支援を行うボランティア

　近年の多様化する家族形態に比例するかのように、家庭や地域の子育て力の低下が指摘されてきている。少子化、核家族化など子どもを取り巻く子育て環境が変化するなかで、育児に関する不安をかかえている子育て中の親が増えてきている。各自治体は、これらの問題に対応するために、さまざまな行政サービスを展開する一方で、子育て支援を行うボランティアの存在がクローズアップされてきている。

　子育て支援ボランティアとは、子育て支援を行うボランティアのことであり、所定の講座を受講した者が行える。対象となる子どもは、就学前のことが多い。各自治体でボランティアの方法はさまざまである。たとえば地域子育て支援センターで、職員の手伝いや、子育てサロンなどでの親子への声掛け、読み聞かせや工作など、その活動の幅は広い。活動的な自治体だと、子育て人材バンクのように、子育て支援を行うボランティアを、必要なところへ派遣する事業を行っているところもある。地域のなかで孤立する子育て親子を未然に防止するうえでも、より身近な存在である子育て支援ボランティアが必要になってくるかもしれない。

（青井利哉）

第9講

保育所等における支援

保育所等における支援では、保育所等に通っている子どもの家庭に限らず、地域の子どもに対する一時預かり事業など地域に開かれた子育て支援が求められている。本講では、保護者の子育てに関する悩みや不安、相談内容を整理し、「保育所等を利用している保護者」と「地域の保護者」に対するそれぞれの子育て支援の実際や配慮事項について、事例を通して理解を深める。

Step 1

1. 保護者の子育てに関する悩みと相談内容

　保育所等を利用している保護者に限らず、子育てに取り組む保護者はさまざまな悩みや不安をかかえている。核家族や共働き家庭の増加、少子化や地域のつながりの希薄化（きはく）などによって子育てをする環境は変化し多様化している。そのような環境のなかで、子育ての負担感・孤立感をかかえながら子育てしている保護者も多くなり、保育所等や専門的な知識や技術をもった保育者に対する子育て支援の期待とニーズは高まっている。

　保護者は子育てに関してどのような悩みや不安を感じているのだろうか。具体的な相談内容の例を**図表9-1**に示した。図表を見てわかるとおり、保護者の相談内容は多岐にわたる。これらの相談内容に答え、子育ての悩みや不安を軽減、もしくは解消する役割が保育所等や保育者には求められている。

図表9-1　子育て相談の内容

項目		相談内容例
基本的生活習慣	睡眠	昼間寝ない、夜寝ない、寝つきが悪い、夜泣き・夜驚、うつ伏せ寝、ねごと・歯ぎしりなど
	授乳	乳を吐（は）く、授乳の間隔と量、ミルク嫌い、母乳が少ない、母乳からミルクへの切りかえなど
	離乳・離乳食	離乳の方法、離乳食の作り方、離乳食を嫌がるなど
	食事	偏食、食が細い、食事が遅い、おやつの与え方、ごはんをあまり食べない、箸（はし）がうまく使えないなど
	排泄	おむつかぶれ、おむつが取れない、紙おむつの使用、夜尿、昼間のおもらしなど
	その他	衣服の着脱ができない、動作が遅い、風呂を嫌がるなど
発育・発達	ほふく・歩行	ハイハイしない、おすわりできない、歩行器の使用、歩行の遅れなど
	身体の発育	首のすわりが遅い、身長が伸びない、体重が増えない、頭の形が悪い、左ききなど
	言葉	言葉の遅れ、赤ちゃん言葉、発音が不明瞭、吃音（きつおん）、早口、言葉づかいが悪いなど
	社会性	母親から離れない、人見知り、おもちゃを貸さない、弟妹をいじめる、友達が少ない、遊びが広がらないなど
	性格	乱暴、わがまま、強情、反抗的、うそをつく、登園を嫌がる、よく泣く・怖がる、落ち着きがないなど
	くせ	指しゃぶり、性器いじり、爪かみ、目をパチパチさせる、かみつきなど
医学的問題		便秘、下痢（げり）、せき・喘息（ぜんそく）、アトピー性皮膚炎（ひふえん）・湿疹（しっしん）、アレルギー、むし歯、鼻血が出やすい、予防接種など
生活環境	家庭	父（母）の育児態度、祖父母が甘やかす・厳しい、祖父母との不和、夫婦の問題など
	近隣・地域	近隣との不和、遊び仲間がいないなど
育児方法	健康	薄着、日光浴、赤ちゃん体操、ベビースイミング、はだしなど
	しつけ・教育の仕方	ほめ方叱（しか）り方、おもちゃの与え方、習い事、数や文字を教えた方がよいかなど

出典：『子育て相談の手引（改訂版）』日本保育協会，2007．のp.7「子育て相談の内容」を一部抜粋・改変.

2. 保育所を利用している保護者に対する子育て支援の内容

連絡帳

　毎日、家庭と保育所との連絡に「連絡帳」や「お便り帳」を使用している保育所も多い。家庭からは、体温や体調、機嫌、家庭での様子が書かれており、保護者の子育てに関する悩みや質問などが書かれていることもある。保育所からは、活動の内容や子どもの成長を感じた姿、体調やけがなどを記入して保護者に伝える。

　担任する子どもの保護者と毎日顔を合わせて話をすることができるわけではないので、保護者と日々のコミュニケーションを取っていくためには有効な手段である。文章のみのやり取りのなかで、保護者の悩みや思いを読み取る力と保護者に伝えたいことを正確に伝える力が必要になってくるが、文章として残ることで子どもの成長の記録としてとらえることもできる。

図表9-2 保護者とのコミュニケーション方法のメリット・デメリット

	メリット	デメリット
連絡帳	・保護者と保育士が顔を合わせなくてもやりとりできる ・成長の記録として残すこともできる	・文章で正確に伝える難しさがある ・何度かやりとりするには数日かかる
送迎時の対応	・文章では伝わりにくいことも伝えることができる ・その場でやり取りができる	・顔を合わすことが必要となる ・記録として残ることがない
個人懇談	・落ち着いた環境でじっくりと話すことができる ・普段は出てこない悩みや不安が出てくることがある	・年1～2回程度で頻度が少ない ・保護者も保育士も時間の確保が必要となる
園・クラス便り	・写真を使って子どもの表情や雰囲気を伝えることができる	・園・クラスから一方的な発信になる
保育園行事	・子どもの姿や成長をその場で共有することができる	・行事のなかでやりとりすることができない場合が多い
家庭訪問	・家庭での生活の様子や雰囲気が分かる ・自宅や住んでいる地域の確認ができる	・訪問に時間がかかり、保育者の負担になりやすい ・抵抗や負担を感じる保護者もいる

送迎時の対応

　保護者が子どもを保育所に送り届けに来たり、お迎えに来た際に、口頭で子どもの様子や成長を伝えたり、相談を受けたりするものである。朝のあわただしい時間よりもお迎えの時に、比較的時間に余裕がある傾向にあるが、保護者の様子や伝えたい内容によって配慮することが必要となる。文章で伝え合う連絡帳のように目に見える形で残っていくものではないが、連絡帳よりも詳細かつていねいに伝えることや、早くやり取りをすることができ、顔を合わせて話すため、信頼関係をより深めることができる可能性が大いにある。保護者とやり取りをするときに、保護者の表情や言動に変わったところはないかなどを確認するとともに、子どもと保護者に寄り添った対応をしていくことが大切である。

個人懇談

　年に1～2回程度、担任する子どもの保護者に対して行うもので、ある程度の時間を設けて話すため、連絡帳や送迎時の対応では出てこないような相談や質問が出てくることがよくある。また、保護者の子育てに関する思いや考え、価値観などを知ることができる機会であり、普段とは異なり、じっくりと時間をかけて話し合うことで信頼関係をさらに深めることができる機会でもある。

　「保育所保育指針　第4章　子育て支援」には、「保護者に育児不安等が見られる場合には、保護者の希望に応じて個別の支援を行うように努めること」との一文があり、定期的な個人懇談以外にも、保護者の希望に応じて個別に相談を受け、保護者の子育て支援を行っていくことが必要となってくる。

図表9-3　保護者とのやりとりの頻度と速さ

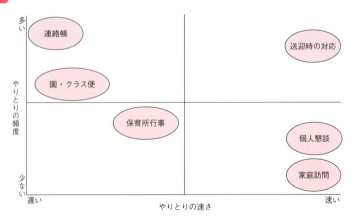

3. 地域の保護者等に対する子育て支援の内容

一時預かり事業

「一時保育」と呼ばれている場合もあり、一時的に保育が必要とされる場合に、保育所等で地域の子どもを預かり、保育する支援である。保育所等を利用していない地域の保護者が、冠婚葬祭や母親の出産、母親や家族の通院といった突発的な事態により、一時的に家庭での子育てが困難となる場合がある。また、核家族化や地域とのつながりの希薄化などにより、保護者の育児に対する心理的・身体的負担を軽減するための支援としてのニーズも高まりつつある。

一時預かり事業は平成2年に一時保育事業として創設され、地域の子育て支援の一環として制度化が行われた。利用するにあたっての理由が限定されていたが、平成8年に育児疲れやリフレッシュなどの私的理由が追加され、利用の理由について問わないということになった。その後、利用者は増加していき、現在では半数を超える保育所で一時預かり事業は実施されている。

一時預かり事業では、初めて利用する子どもや不定期に利用する子どもなど、通常の保育の状況と異なることに配慮して、一人ひとりの子どもの心身の状況などを考慮しながら柔軟に保育を行うことが大切である。

園開放

「園庭開放」「保育室開放」などと呼ばれている場合もあり、保育所等を開放して地域の子育て家庭が交流する場を提供したり、子育て家庭の交流の促進を目的とした支援である。また、保育者の専門性を活かした子育てに関する相談や援助の実施、子育て関連情報の提供といった支援も求められる。保育所等の園庭や保育室を開放する取り組みは、園庭開放だけでも7割近くの保育所で実施されている。

保育所等の開放に参加する地域の保護者のなかには、子育ての不安や悩みを相談することができずかかえこんでいる場合もある。また、その一方で、保育所等の入所を希望して見学を目的として訪れ、保育所等の雰囲気や保育者の様子、子どもが安全でよい環境で生活できているかを観察する保護者も少なくない。いずれの場合においても訪れた子育て家庭に対してていねいに対応し、保護者の求める相談や援助、説明に応えていくことが大切である。

Step2

> **演習1** 次の事例を通して、「保育所に通っている子どもの家庭への支援」について考えてみよう

課題

① 各事例を通して、保育所に通っている子どもやその保護者の背景にある思いについて理解する視点を見つける。
② ①の視点に基づいて、保育所に通っている子どもやその保護者との具体的なかかわりや保育士として必要な姿勢を理解する。

進め方

① 各自で事例を読み、設問に対する自分なりの考えを書き出す。
② 2人組になって、各自で書き出した回答や考えを発表し、共有する。

事例1　障害のある子どもの保護者

　5歳児のMちゃんは自閉症スペクトラムとADHD（注意欠陥多動性障害）の診断を受けており、母親と2人暮らしである。母親は精神疾患を患っているため仕事ができず、生活保護を受けて生活していた。Mちゃんは療育専門機関とのつながりはなく、月曜日から土曜日まで保育所を利用していた。言葉によるコミュニケーションをとることはできず、保育士が一対一でついていたが、保育士の隙をついて保育所を抜け出そうとしたり、水溜りの泥水を飲もうとしていたりすることもあった。

　連絡帳にMちゃんの様子やその日の出来事、連絡事項を記入するが、母親からの返信はなく、連絡帳を見ていない様子だった。そのため、連絡帳の記入だけでなく送迎時に口頭で伝える配慮もしていくことにした。保育士が話しかけた当初は、話しかけに対して全く反応がなかった。また、保育参観などの行事にも消極的で、行事の日は欠席していた。しかし、気長に話しかけていくことで、徐々に母親の緊張感が解けていき家庭での様子を聞くと話してくれることがあったり、運動会や発表会といった行事にも出席するようになってきたりした。その後、少しずつではあるが母親の態度が変化していき、母親がMちゃんの今後を心配する気持ちも見て取れるようになった。

---

① Mちゃんの母親は、どのような想いで子育てをしているのだろうか？　母親の視点に立って考えてみよう。

Step2 プラクティス

② Mちゃんの母親が保育士の話しかけに全く反応しなかった背景には、どのような理由があったのか考えてみよう。

事例2　離婚をすることになった保護者

　4歳児のRくんの母親が、「ちょっと訳あって、苗字が変わるかもしれないのですが、苗字が変わっても大丈夫でしょうか？」と相談してきた。別室に案内し、時間をかけて詳しく話を聞いていくと、両親が離婚をすることになり、親権は母親が持つため、母親の旧姓に戻したいと考えているが、苗字を変更することで保育所での生活に支障はないのか、子どもが戸惑ってしまわないのか、いじめの対象にならないだろうかといった不安や心配があったようである。また、両親の離婚によってRくんがさみしがったり、情緒が不安定になったりしないかということも心配していた。保育所の送迎については、母親方の祖母が中心になるので、Rくんの気になった様子や用意してほしい物などは連絡帳に記入してほしいという要望があった。

　父親とは離れて暮らすことになるが、定期的に父親に会うことができるようにしていくとのことで、自分たちの都合でRくんに負担をかけてしまうが、できるだけ負担を少なくしたいという気持ちは強く伝わってきた。相談を受けるなかで、Rくんに対して母親の申し訳ないという思いや最大限の配慮をしたいという気持ちとともに、母親自身も環境が変わることへの不安や緊張を感じており、さまざまな思いや気持ちが入り組んだ複雑な心境がうかがえた。

① 生活環境の変化によって、支障をきたすもの、これまでの支援とは違ってくるものとして何が考えられるだろうか？　できるかぎりあげてみよう。

② あなたが担任保育士なら、今後、どのようなことに配慮しながら、この母親にかかわっていくだろうか？

第9講　保育所等における支援

> **演習2** 次の事例を通して、「地域の子育て家庭への支援」について考えてみよう

課題

① 各事例を通して、地域の子どもやその保護者の背景にある思いについて理解する視点を見つける。
② ①の視点に基づいて、地域の子どもやその保護者との具体的なかかわりや保育士として必要な姿勢を理解する。

進め方

① 各自で事例を読み、設問に対する自分なりの考えを書き出す。
② 2人組になって、各自で書き出した回答や考えを発表し、共有する。

> **事例3　一時預かりを利用する保護者**
>
> 　2歳児になるYくんは、第二子を里帰り出産する母親と一緒に母親の実家で生活している。母親が出産し、産後の肥立ちを終えるまでの3か月間、毎日、保育所を一時預かりで利用している。Yくんは卵アレルギーのため、おやつや給食では除去食の提供がされて、誤食を防ぐために個別のテーブルを用意して、必ず保育士がそばにつくといった配慮や工夫が必要である。父親は仕事のため自宅に残り月に一回、Yくんと母親に会いに来る。
> 　生まれ育った環境とは異なる慣れない環境にYくんは、保育所に来てしばらくは泣いており、泣き止んだ後も「ママ…、ママ…」と不安そうにする姿が見られた。ある日、持ち物から電車が好きなのではないかと思った保育士が、電車のおもちゃを用意するとおもちゃを手にとって楽しそうに遊ぶ姿が見られ、それをきっかけに保育所に来ても泣いたり、不安そうにすることは少なくなっていき、保育所での生活に慣れていった。その姿を見て母親は安心したようで「新しい環境に慣れることができるか不安でした。出産日が近づいてくると一緒に焦りも感じていましたが、毎日楽しそうに保育所に行く姿を見ていると安心して出産に向き合うことができます。」と話してくれた。
> 　その後、出産・産後の肥立ちを終えた母親とYくんは父親の待つ自宅へと帰っていった。

① Yくんの母親はどのような想いで一時保育を利用していたのだろうか？　できる限り母親の視点に立って考えてみよう。

Step2 プラクティス

② あなたが担任保育士なら、Yくんにかかわるときに、どのようなことに配慮が必要だと考えますか？

事例4　園開放日を利用する保護者

　○○保育所では、毎週水曜日を保育所の開放日としており、保育所に通っていない子どもと一緒に保護者も保育所での生活の様子を見たり、遊びを体験したりすることができる。子どもと一緒にやってきて、「保育園のなかに入って雰囲気や生活の様子を知りたい」と思って参加する保護者がいる一方で、「子育てでの悩みや不安を相談したり、聞いてもらったりしたい」という思いを持って参加する保護者も少なくない。Sちゃんという0歳児をかかえて開放日に初めて参加した母親が、「Sは生後8か月になるのですが、全然寝返りをしないのです。インターネットで調べたら『生後6か月で寝返りをする』って書いてあったのですが、寝返りをしないので何か障害があるんじゃないかって思うのですが…」と相談してきた。
　話を聞いていくと、初めての子育てで分からないことばかりで不安だったが親や兄弟、近所など身近に相談できる人がいなかった。そこで、育児書やインターネットで調べてみたものの発達の目安どおりに成長しないわが子に戸惑いを感じながらも、自分の育て方が悪いのではないかと思っていることもわかった。寝返り以外にも発達の目安と異なることが多くあり、今後、Sちゃんを育てていくことができるだろうかと先の見えない不安を1人でかかえていた。

① あなたが園開放担当保育士なら、この母親の思いをどのように受け止め、どのようにアドバイスするか考えてみよう。

② 園開放担当を通して、地域から保育所等に求められる機能にはどのようなものがあるか考えてみよう。

第9講　保育所等における支援

Step3

1. 保育所に通っている子どもの家庭への支援

　Step 2の**事例1**では、子どもが障害をかかえているだけでなく、保護者は精神疾患を患っていることから、保護者自身にも特別な配慮が必要である。このような場合には担任保育士だけで対応していくには限界があり、周りの保育士も課題を担任保育士一人でかかえてしまわないように配慮することも必要になってくる。園長をはじめ、園内で役割分担を行うなどしてチームワークを組み、外部の専門機関や医療機関、行政機関といったさまざまな連携・協働が不可欠となってくる。

　早期発見・早期療育の観点から、療育専門機関とのつながりを早急に母親にすすめたとしても、それは母親の子育てを支援することにはならず、かえって子育ての不安や悩みを大きくしてしまうことになる。子どもに対しての愛情はあり、もっと積極的に子育てにかかわりたいと思っているが、まずは母親自身の体調を安定させることを優先させたいと考えているかもしれないし、子どもの障害や発達を受け入れることに抵抗を感じているかもしれない。また、保育士に話しかけられることに警戒感をもっているとも考えられて、その背景にはこれまでの保育士とは信頼関係を築くことができなかったのかもしれない。多角的な視点で保護者の背景や心情をとらえるように配慮し、まずは保護者と信頼関係を築いていくことが子育て支援への第一歩となってくる。

　事例2のようなケースに遭遇することも少なくない。この事例においては、両親が離婚することになったが、母親が子どもの情緒が不安定にならないようにできる限り配慮をしていることや定期的に父親に会うことができるようにしていることから、両親が子どもの負担を軽減したいと考えていることが読み取れる。夫婦のことに限らず、職場や仕事、親戚との関係、近所との関係など、保護者を取り巻く環境によって保護者自身が影響を受け、その影響がそのまま、場合によっては増幅されて子どもの生活や発達にも影響を与える可能性も否定することはできない。

　また、両親の離婚によって生活環境が変化するとともに、母親との連絡のやりとりに配慮や工夫が必要になってくることも予想できる。母親との連絡のやりとりがすれ違っていけば、母親との信頼関係が崩れてしまい、それが不信感につながってしまうことがあるかもしれない。母親の状況に合わせた連絡のやりとりの方法を見出していき、安心して保育所に子どもを預けることができるようにしていくことも子育て支援の1つといえる。保育所に通っている子どもの家庭への支援には、子育ての不安や悩みに寄り添うだけでなく、保護者のプライベートな課題にも寄り添い、一人ひとりに合わせた配慮が求められる。

2. 地域の子育て家庭への支援

　Step 2 の**事例 3** は、里帰り出産で実家に帰ってきた母親にとっては、実父母のもとで安心できる面もあるが、住み慣れていない地域での出産に対する不安と大きく環境が変わるなかで生活することになる子どもへの心配が見て取れる。それほどの不安と心配を抱えながらも里帰り出産をする母親の思いや一時預かりを利用する背景を読み取ることが必要となってくる。また、事例では子どもに卵アレルギーがあるため、食事や間食の際には特別な配慮が必要となり、誤食が起こらないようにしなければならない。保育士は慣れない環境のなかでの子どもの不安を取り除くだけでなく、食を含めて安心して保育所で過ごすことができるようにしていく配慮も必要となってくる。このような状況においては担任する保育士の連携を要するが、調理員などの間接的に保育にたずさわる職員との連携も非常に重要になってくる。

　一時預かりでは、短期的・断続的なかかわりになることが多くなるため、保育士は送迎時等のかかわりをよりていねいに行い、短い時間のなかで家庭や保護者の状況を的確に把握（はあく）し、質の高い保育の展開を行うことが重要である。地域の子育て家庭への支援では、保育所に通っている子どもの家庭への支援とは異なる配慮が必要になってくることもある。

　事例 4 は、育児の不安を一人でかかえながら園開放に参加しているケースである。近年、少子化や核家族化の進行、地域とのつながりの希薄化（きはく）によって、保護者のなかには子育てに関する相談ができる親や配偶者、地域の人といった相手がおらず、子育ての不安感や負担感を背負い、孤立を招いてしまうこともある。また、インターネットやスマートフォンの普及により、子育ての悩みについて手軽に調べることができるようになってきた一方で、情報の氾濫（はんらん）により正しい情報や知識の選択が困難になってきている。それらの情報や知識は一人ひとりの子どもの成長や発達に必ずしも合うわけではないので、とらえ方によっては大きな誤解を招いてしまうこともある。育児不安や孤立、誤解をかかえた保護者が育児の負担を感じていることが問題となっている。この事例に出てくるような母親の場合には、母親の思いや気持ちをありのまま受け入れていくことから支援が始まっていく。

　保育所等とのつながりが保護者の意志に任される地域の子育て支援においては、保護者が困ったときやつらくなったときに「ここにくれば助けてもらえる」と感じることが不可欠となる。

第9講　保育所等における支援

参考文献
- 汐見稔幸監『保育所保育指針ハンドブック』学研，2017.
- 伊藤嘉余子・野口啓示編『家庭支援論』ミネルヴァ書房，2017.
- 日本保育協会「これからの保育所の子育て相談——子育て相談ハンドブック作成に関する調査研究報告書」2014.
- 社会福祉法人全国社会福祉協議会「全国の保育所実態調査報告書」2011.
- ベネッセ教育総合研究所「第2回 幼児教育・保育についての基本調査 報告書」2012.
- 日本保育協会「保育所運営の実態とあり方に関する調査研究報告書」2013.
- 西村重稀・青井夕貴編『保育相談支援』中央法規，2015.

COLUMN 「ワンオペ育児」と「イクメン」

　「子育て支援」という言葉を聞いて、多くの人がイメージするのは母親の姿ではないだろうか。日本の子育てにおける主役は依然として母親であり、近年においては「ワンオペ育児」という言葉（ワンオペレーション＝一人で従事すること）が生みだされた。保育所等での相談もやはり母親からのものが多いが、徐々に父親からの相談も増えてきている。「イクメン」という言葉に象徴されるように、父親の子育て参画が進み始めている。以前から保育所等の送迎で父親を見ることはよくあったが、最近では連絡帳の記入をしたり、個人懇談や一日保育士体験に積極的に参加したりする父親が増えてきていることを感じている。

　父親の子育て参画が進む一方で、保育所等以外での男性の保育士による子育て支援も全国各地で増えつつある。子育て家族全般を対象としたものであったり、対象を父親に限定したものであったりと形態や表現の方法はさまざまでバラエティーに富んでいる。「父親子育て応援団おっとふぁーざー」という団体では、親子運動会や水遊び、流しそうめん、もちつき、お泊り会など、父親と子どもが一緒に参加して楽しめる活動を展開している。「子育て戦隊パパレンジャー！」というマスコットキャラクターが毎回の活動のなかで行う寸劇は子どもだけでなく、父親からも喜ばれている。

　これからは父親の子育て支援も保育所等内外を問わず充実していくことが期待される。父親の子育て参画には家庭によってまだまだ格差がみられ課題も多いが、父親と母親が子育ての楽しさややりがいだけでなく、大変さやつらさも共有しながら子育てしていくことが自然な姿となることを願いたい。

（舘　直宏）

第10講

地域の子育て家庭に対する支援

近年、幼児教育施設の特性を地域の子育て支援に生かす方向になっている。本講では地域での子育てニーズとそれに対する幼児教育施設における子育て支援の方向性、社会資源についてStep1で解説をし、Step2では保育者の専門性の整理と事例検討を行い、より具体的に幼児教育施設および保育者による地域の子育て支援について理解する。Step3では、幼児教育施設の特性を生かした子育て支援と、地域の子育て支援の実際例について学ぶ。

Step 1

1. 地域での子育てのニーズ

　地域と子育ての関連について、皆さんはどのようなイメージをもっているだろうか。

<調べてみよう>

　保護者は子育て中に、どのような地域の場や人に支えられているのだろうか。身近にいる子育て経験者（自分の親など）に聞いてみよう。子育て期間は、小学校入学までの経験に絞って聞こう。

<u>調べよう①</u>：子育て中に子どもを連れて行った地域の場所はどこですか。
（徒歩移動の場合）

（自転車や家用車、公共機関等の乗物移動の場合）

<u>調べよう②</u>：子育ての相談相手は誰ですか。

　さて、どのような体験を聞くことができただろうか。

　子どもを妊娠し、出産し、育てる営みは、誰にとっても初体験の連続である。寝不足になったり、戸惑ったり、笑ったり、悩んだりしながら子育てに懸命に取り組む保護者は、日々の子どもとのやりとりや周りの支えがあって成長し、親らしくなっていくものである。余裕があれば愛おしいと思える出来事も、余裕がなければ苛立ちを抱くことさえあり、とまどいながら、子どもの成長を感じ、喜びもありながら進むものである。親になる過程には時間と経験が必要で、そういった過程をゆったりと見守る人や環境が地域にあることは、子育てを楽しみ、良好な親子関係を築くうえでの支えになる。かつては、こういった地域の人や同じ立場の人とのかかわりは自然発生的に生まれ、生きた情報が周りにあり、すぐ子育てに生かすことができた。保護者になる前に、自分自身の兄弟姉妹や地域や親戚の子どもと接することを通して"子育ての履歴書"に何らかの経験やエピソードが掲載できただろう。

しかし、今日の子育て環境は、核家族化し、自分の親族等から離れたところで子育てをすることも珍しくなく、人とのかかわりや生きた情報を得ることが難しく、子どもを授かってから初めて子どもと向き合う人も少なくない。家族形態の変化や少子化、仕事の形態の変化、遊び場の質・量の変化、地域とのつながりの希薄化がいわれるなかで、子育てを支える人と場は子どもに対するもの、保護者に対するものそれぞれに必要とされるようになった。近年、保護者の就労にともない保育を必要とする子どもとそれにともなう受け皿不足がいわれる一方、3歳未満児の全体の約7割から8割は家庭で子育てをしているのが現状である。また、児童虐待の予防や貧困家庭への支援、多国籍家庭への個別の必要性に応じた支援等は、子育て家庭を取り巻く今日的課題である。

2. 幼児教育施設の特性を生かした地域の子育て支援

　保育所、幼稚園、認定こども園といった幼児教育施設は、子どもの保育と子どもの保護者に対する子育て支援を担っている。具体的にいうと、幼児教育施設を利用している保護者に対する子育て支援、地域の保護者等に対する子育て支援である。

　まず、地域の子育て支援と保育者について理解するために、2018（平成30）年の保育所保育指針解説を確認していく。改正の方向性として5つの基本的方向性があり、その1つに、保護者・家庭および地域と連携した子育て支援の必要性がある。改正の要点として、「保護者が子どもの成長に気づき子育ての喜びを感じられるように努める」ことが明記され、子育てをする主体者である保護者を支え、養育力の向上を図ることが重要となる。地域の保護者等に対する子育て支援としても、保育所の環境や特性を生かした支援を大切にしていくことになる。よって、保護者・家庭および地域と連携した子育て支援を行うにあたっては、保育者自身が保育の専門性の理解をもち、それを生かしながら取り組むことになる。これは幼稚園教育要領、幼保連携型認定こども園教育・保育要領も同様である。

　次に、保育所保育指針、幼稚園教育要領、幼保連携型認定こども園教育・保育要領において「家庭との連携」「地域（地域社会）との連携」という言葉がどのように用いられているのか目次から読み取りたい。これらの言葉は子育て支援に関する第4章だけでなく、保育の内容にかかわる章にも明記されている。つまり、「家庭との連携」「地域（地域社会）との連携」という言葉は現在の幼児教育施設と保育実践においては欠かせない視点といえる。

　保育者は子どもとその保護者に対して保育を通してかかわると同時に、預かり保

育や園庭解放等の地域に開かれた子育て支援の担い手でもある。また、地域には保健センターや図書館、地域子育て支援拠点事業といった子育て支援の場があり、こういった地域の社会資源・専門職が連携協働しながら、地域でつながりあって子育て支援を行っている。

3. 地域の子育て支援の場と人

　子育て支援については、2005（平成17）年の児童福祉法改正により子育て支援事業が規定され、地域の子育て支援事業の拡充（かくじゅう）が重要視されるようになった。2012（平成24）年の子ども・子育て支援法の成立により利用者支援事業が創設され、加えて、子育て世代包括支援センターを設置し、すべての子どもと子育て家庭に対して妊娠期から切れ目のない支援を行う社会の構築が目指されている。また、2015（平成27）年4月から開始された子ども・子育て支援新制度では、3歳未満児の在宅子育て家庭への支援の重要性や地域の実情に応じた子ども・子育て支援の展開と充実として利用者支援事業、地域子育て支援拠点事業、放課後児童クラブなどの地域子ども・子育て支援事業と仕事・子育て両立支援事業が創設されている（**図表10-**

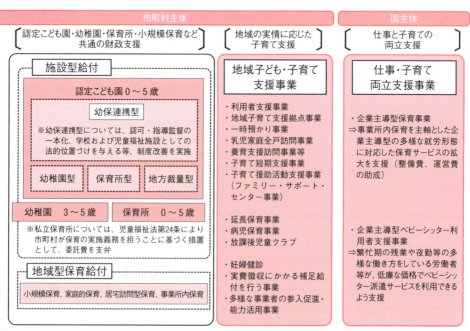

図表10-1　子ども・子育て支援新制度の概要

出典：内閣府子ども・子育て本部「子ども・子育て支援新制度について」平成30年5月

1）。

　これらの事業は各自治体の取り組みを主体としながら、地域子育て支援の質・量の拡充が進められている。例えば、地域子育て支援拠点事業は、子育て中の親子の生活環境のなかにあり、気軽に集って相互に交流したり、子育ての悩みや不安を相談できる場である。この事業の従事者は、子育て支援に関心があり、子育てに関する知識・経験を有する者および児童福祉施設等の職員となっており、保育者といった専門職だけでなく地域住民が参画していることも特徴である。専門的支援だけでなく、保護者同士がつながり合うことを支えることも大切な役割であり、来所する親子の様子から、拠点内の掲示物を通して情報発信するなどさりげない情報提供も行われ、利用者が「また、ここに来たい」と思えるよう、子どもの発達を考慮した遊びや空間を設け、親や子ども同士の自然発生的な交流を支えられるよう整えている。そのほか、子育ての当事者である保護者や地域の人が助け合い、育ち合う地域子育て支援のあり方として、ニュージーランドのプレイセンターをモデルにした日本型プレイセンターを導入するなど、地域の特性を生かし、子どもたちの遊びの場を整え、子ども同士、保護者同士がつながることを保障する取り組みが各地域の創意工夫によって行われている。

　一方、地域の専門機関や専門職も地域の子育て支援を行っている。児童福祉法第10条にあるように、乳児院や児童養護施設等での電話相談や子育て短期支援、児童家庭支援センターでの相談といった児童福祉施設による支援がある。保育所保育指針解説には、「市町村（保健センター等の母子保健部門・子育て支援部門等）、要保護児童対策地域協議会、児童相談所、福祉事務所（家庭児童相談室）、児童発達支援センター、児童発達支援事業所、民生委員、児童委員（主任児童委員）、教育委員会、小学校、中学校、高等学校、地域子育て支援拠点、地域型保育（家庭的保育、小規模保育、居宅訪問型保育、事業所内保育）、市区町村子ども家庭総合支援拠点、子育て世代包括支援センター、ファミリーサポート・センター事業（子育て援助活動支援事業）、関連NPO法人等」があげられている。このほか、保健師、助産師、医師、看護師、歯科衛生士、栄養士、調理員、社会福祉士、臨床心理士、臨床発達心理士、特別支援コーディネーターなども子育て支援にかかわる専門職である。専門機関や専門職が独自に子育て支援を行うとともに、関係機関が連携・協働しあい、子どもの最善の利益を保障できるよう、地域に応じた子育て支援を実施することが望まれる。

Step 2

演習1　保育者による地域の子育て支援について考えよう

課題

① 幼児教育施設による子育て支援が求められるようになった背景には、子育てに対する不安や孤立感、負担感を抱いている保護者の存在、核家族化による相談相手の不在、地域社会との交流の希薄化と地域力の低下がある。

② 保育所保育指針、幼稚園教育要領、幼保連携型認定こども園教育・保育要領において保育者による子育て支援として、在園児とその保護者に加えて、地域の子育て支援が位置づけられた。

③ 保育者の特性、幼児教育施設の特性を生かした保護者支援について理解し、地域の子育て支援について考える。

進め方

（1）準備するもの

① 「保育所保育指針解説」「幼保連携型認定こども園教育・保育要領解説」「幼稚園教育要領解説」のうち、総則と目次にある「家庭との連携」「地域（地域社会）との連携」「子育て支援」の掲載部分をあらかじめ確認しておく。

② 保育者の役割について理解しておく。

　たとえば、児童福祉法第18条の4には、保育士の定義として「保育士の名称を用いて、専門的知識及び技術をもって、児童の保育及び児童の保護者に対する保育に関する指導を行うことを業とする者」とされている。ここでいう、専門的知識や技術の具体的な内容について関連科目での学びを確認しておく。

（2）方法

① （個人の作業）保育者の特性を5つあげ、ワークシートに記入する。

② ①が終了したら、2〜4名のグループをつくり、保育者の特性として考えた内容を分かち合う。

③ 分かち合った内容から、保育者だからこそできる地域の子育て支援について話し合い、グループで話し合われたことをクラス全体で発表し、分かち合う。

Step2 プラクティス

図表10-2　ワークシート

問1：保育者の特性を整理しよう。	
（個人の作業）	（グループでの分かち合い）
1	
2	
3	
4	
5	

問2：保育者の特性を生かした地域の子育て支援

①人的環境を活かした地域の子育て支援

②物理的環境を活かした地域の子育て支援

第10講　地域の子育て家庭に対する支援

演習 2　保育所における子育て支援拠点事業の事例から地域の保護者支援について考えよう

課題

① 子育て家庭の今日的課題を理解し、保育者の特性をふまえた保護者と子どもに応じたかかわりについて理解をする。
② 保育者は、地域の子育て家庭に対する幼児教育施設の取り組みを適切に説明することが求められており、そのことを進めるための具体的な方法について考える。

進め方

① 各自で事例を読み、説明に対する自分なりの考えを記述する。
② （可能であれば）受講生同士で2〜4名のグループを作り、各自の設問に対する回答や考えを分かち合う。

事例

　子育て支援センターにはたくさんの親子が集っている。よく来る親子、久しぶりに来た親子、はじめてきた親子、お父さんと遊びに来ている親子などさまざまである。子どもが主体的に遊び、親同士も自然と交流し仲間づくりも進んでいくようにと願いながら、室内の様子をみていると、始めて利用する親子のなかに気になるA君親子がいた。受付資料をみると、A君は2歳6か月で、第一子であると記載されていた。<u>保育者はすぐに声をかけず、しばらくA君親子を見守っていた。</u>❶
　A君親子は受付を済ませて室内に入り、荷物を置いた後におもちゃのところに行った。A君はおもちゃに手を伸ばさず、周りをじっとみながらお母さんの背中にしがみついていた。お母さんは、「遊ぼうよ。」と声をかける。「遊ぼうよ。遊ばないの？」と声をかけ続けるお母さんに対し、A君はますます背中にしがみついている。お母さんは困った顔をして、うつむいていた。
　<u>そこで、保育者がA君の目線の先に目をやり、そこにあった電車のおもちゃを持ち、A君の視界に入りそうなところで、「がたんごとん。がたんごとん。」と電車遊びを始めた。</u>❷その保育者の声にA君が気づき、母親の背中からそっと顔を出した。保育者はそのまま楽しそうな表情で電車遊びを続け、少しずつ電車をA君親子のそばに近づけていった。楽しそうに遊ぶ保育者の姿から周りの子どもたちが関心をもちだし集まりはじめた。A君親子の周りは電車遊びをする子どもとその保護者でいっぱいになった。じっと見ていたA君も自然と電車を手に取り、お母さんの背中から少しずつ電車で遊びながら離れ始めた。その様子をみて、

Step2 プラクティス

> お母さんはびっくりしたような、安心したような表情をし、A君が遊んでいる様子を嬉しそうに見ていた。しばらくして、保育者がお母さんの元に行き、「よく来てくださいましたね。A君、電車遊びを楽しそうにしていますね。」❸と優しい口調で話しかけた。すると、堰を切ったように子育ての悩みを話し出した。

① この事例を読み、A君のお母さんの気持ちや考えを考えよう。

② 下線❶のような動きをとった保育者の思いや考えを考えよう。

③ 下線❷のように保育者が保護者ではなく、まず子どもとの遊びからかかわりをはじめた保育者の思いや考えを考えよう。

④ この親子ははじめて子育て支援センターに来た。下線❸のように保育者が「よく来てくださいましたね。A君、電車遊びを楽しそうにしていますね。」という言葉のなかに、どのようなA君とA君の保護者に対する配慮があるかを考えてみよう。

第10講 地域の子育て家庭に対する支援

Step3

1. 幼児教育施設の特性を生かした子育て支援

　子どもが楽しく遊ぶ、充実して過ごすといっても、そこには環境を通した保育が存在している。幼児教育施設の特性としては、幼児教育施設そのものの特性と、担い手である保育者の特性がある。幼児教育施設の特性については、今回は保育所保育指針解説を基に確認していく。保育所の特性を生かした子育て支援として、「第4章　子育て支援」の「1　保育所における子育て支援に関する専門的事項」には、「イ　保育及び子育てに関する知識や技術など、保育士等の専門性や、子どもが常に存在する環境など、保育所の特性を生かし、保護者が子どもの成長に気付き子育ての喜びを感じられるように努めること」と明記されている。ここを解説とともに整理すると、①日々の保育を通して、保護者との継続的・長期的かかわりがある、②保育士や看護師、栄養士等の専門性を有する職員が配置されている、③さまざまな社会資源との連携や協力が可能である、④さまざまな年齢の子どもが集う場である、⑤保護者がわが子だけでなくほかの子どもとふれあう機会となる、⑥子どもの育ちに応じた保育環境がある、といった6つが保育所の特性といえる。例えば、地域の子育て家庭が園行事や園庭開放に参加することによって、⑤により自分の子どもの育ちを客観的にとらえることにもつながり、それは④の子どもが常にいるという保育所の特性を活用することによって可能となる子育て支援である。

　次に、保育者の専門性についても、今回は保育所保育指針解説を基に確認していく。保育士の特性として、①乳幼児の子どもの発達に関する専門的知識と一人ひとりの子どもの発達を援助する知識および技術、②子ども自らが生活していく力を細やかに助ける生活援助の知識および技術、③保育所内外の保育の環境を構成していく知識および技術、④遊びを豊かに展開していくための知識および技術、⑤子ども同士のかかわりや子どもと保護者のかかわりなどを見守り、その気持ちに寄り添いながら適宜必要な援助をしていく関係構築の知識および技術、⑥保護者等への相談、助言に関する知識および技術といった6つの知識および技術があげられる。このような、保育者の共感性と受容、遊びを率先して楽しむ姿、遊びの素材と道具、子どもの発達に応じた空間づくりといった環境を通した保育や子どもにとっての遊びの重要性を知る保育者の特性は、子育てをしている保護者にとって、ときに手本であり、ときに子育ての苦労や喜びを分かち合う相方となろう。保育者は保護者と子どものツボを専門的知識と技術からとらえ、保護者と子どもの関係をつなげる専門職であり、こういった特性は子育て支援に有効に機能しているといえる。

2. 地域の子育て支援の実際

　地域における子育ての実際について紹介したい。本講のCOLUMNで紹介する子育て支援センターでは、地域の病院や公園などの情報をみんなで持ち寄って子育て生活マップをつくり、ゆったりと過ごす赤ちゃんコーナーの壁に掲示している（図表10-4）。子育てに関する情報は、離乳食やトイレットトレーニング等の子育ての悩みから生活にかかわることまで幅広いものである。親子で読み合う絵本や遊びの紹介もニーズがある。子育て支援センター側が情報を提供することもあれば、子育て家庭と情報をお互いに持ち寄って、保護者同士がつくり合う方法もあり、こういった取り組みを通して、保護者が潜在的な力に気づき、子育てを楽しむ力を向上させていくこともあるだろう。また、保健センターにおけるある子育て教室では、「保護者が子どもの成長に気づき子育ての喜びを感じられるように努める」ことを想定して、わが子のストレングス探し（図表10-3）を継続的に行い、子ども理解を進める一助を行っている。こういった専門機関と専門性が有効に機能し連携し合っている。地域の特性に応じた子育て支援の展開において幼児教育施設と保育者の存在は欠かせないものである。

図表10-3　わが子のストレングス探し

図表10-4　手づくりの子育て生活マップ

写真協力：子育て支援センターおおみや

参考文献
- 厚生労働省『保育所保育指針解説』フレーベル館，2018．
- 内閣府・文部科学省・厚生労働省『幼保連携型認定こども園教育・保育要領解説』フレーベル館，2018．
- 文部科学省『幼稚園教育要領解説』フレーベル館，2018．
- NPO法人子育てひろば全国連絡協議会編，渡辺顕一郎・橋本真紀編著『詳解 地域子育て支援拠点ガイドラインの手引き 第3版』中央法規出版，2018．

COLUMN　保護者と子どもを支える地域の場と保育者の存在

　外の光がやわらかく差し込む子育て支援センターの入口を入ると、優しい笑顔の保育者が出迎える。この笑顔と気持ちのこもった言葉や仕草に、保護者も子どもも居心地よく、「また来よう」と思う。以前ここに通っていた保護者と子どもが「ただいま」と帰ってくることもあると話す保育者の眼差しは、日々の保護者や子どもの様子をていねいに見つめ、考え続けていることを感じさせる。「今の保護者の思いを感じていたい。お父さんやお母さんがどのように思って過ごしているのかが大切である」と話す保育者がここにはいる。70cmの高さから子育て支援センターの室内を撮影した。学生の皆さんには、子どもの目の高さから見た子育て支援センターはどのように見えるだろうか。

（文責：鈴木晴子、写真協力：子育て支援センターおおみや）

第 11 講

障害のある子どもおよびその家庭に対する支援

インクルージョンの推進により、保育所等においても障害のある子どもの受け入れが増えてきている。本講では、保育士に身につけてほしい障害のある子どもと接するうえでの必要な専門知識と、保護者が子どもと上手にかかわっていけるようになるための支援の方法について学ぶ。Step1 では障害の理解・受容・支援の内容について解説し、Step2 では事例から具体的な支援の方法について学ぶ。Step3 では実践力を高める手順について理解を深める。

Step 1

1. 障害を理解する

　子どもの発達や発育が気になる。子どもに対する接し方がわからない。子育てが難しいと感じている保護者のなかには、子どもに何らかの問題があるのではないかと思いながらも、「ほかの子どもたちに比べて少し遅れているだけ」とわが子の特性を理解することを避けようとする保護者がいる。外見上認識しにくい発達上の障害については幼児期での診断が難しい面もあるが、専門の診療機関への受診が必要となる場合もある。「障害の診断」が必要なのではなく、障害に対する正しい知識や特性の認識が、その後の子育てにおいて、保護者が子どもと前向きに接していくために必要な要素となってくるからである。

発達からみた障害の概念的分類

（1） 知的障害
　理解の発達の全般が、平均水準よりも一定以上遅れるもの。

（2） 自閉症スペクトラム障害
　社会性の発達の全般が平均水準よりも一定以上遅れるもので、典型的な症状として相互的な対人関係の障害、コミュニケーションの障害、興味や行動の偏りの特徴が現れる。

（3） 注意欠如・多動性障害（ADHD）
　全般としての遅れはないが、注意集中困難、多動、衝動性の行動特性が年齢不相応に目立つもの。

（4） 学習障害
　全般としての遅れはないが、読む、書く、計算するなど特定の機能の発達がピンポイントで遅れるもの。

2. 障害児支援の事業体系、関係機関との連携

　障害のある子どもをかかえた保護者の多くは、通所している保育所での療育等専門的な支援の実施を希望している。保育者が、専門機関と連携しながら個別の保育を進めることで、保育の質の向上が図られるとともに、保護者に安心感を与えることができると考えられる。

身近な地域での発達支援

障害のある子どもが、身近な地域で受けられる発達支援として、社会保障制度のなかに通所支援サービス体系がある。

（1）児童発達支援

未就学児童を対象に、日常生活における基本的な動作の指導、知識技能の習得、集団生活への適応訓練を行うことが目的で、事業所としては、地域の中核的な療育支援施設としての「児童発達支援センター」と、身近な場所で地域の障害児、家族を対象とした療育支援を行う「児童発達支援事業所」がある。利用を希望する場合は、住所地の市区町村に申請する。

（2）医療型児童発達支援

肢体不自由がある未就学児童を対象に、機能訓練や医学的治療を行うことを目的とした事業。

（3）放課後等デイサービス

就学児を対象に、放課後や夏休み等の休日に、身近な施設に通って生活能力向上のために、訓練や居場所の提供を行う事業。

（4）保育所等訪問支援

支援センターや支援事業所の専門職員が、障害児が普段通所している保育所等を訪問し、集団生活への適応のための支援や、発達をうながすための専門的な支援を行う事業。障害のある子どもの発達上の課題が、保育所等の集団場面で気づかれることが多いことや、集団適応のために特別な支援が必要であること、障害特性の個別性からくる支援の困難さなどから、課題克服への有効性が期待されている事業。利用申請者は保護者となっている。平成30年度からは、訪問先に社会的養護施設が追加されている。

図表11-1 気になること、不安に感じていること

生活習慣に関すること	コミュニケーションに関すること
・昼夜ともオムツが取れない、どうしたらよいか。 ・ズボンの前後を間違えずにはけるようにするにはどうしたらよいか。 ・スプーンを使って食べられるようになってほしい。 ・朝、学校に行きたがらない。 ・運動面でぎこちなさがある。 ・自傷行為をやめさせる方法を教えてほしい。	・ほかの子と一緒に遊べない。 ・落ち着きがない、集中力がない、目が離せない。 ・言葉が出てほしい。 ・保育所の先生のいうことは聞くのに、どうして家では駄々をこねるのか。 ・子どもに対してきついことを言ってしまう。やさしくするにはどうしたらよいか。

3. 家庭支援、子育てへの悩みや不安

　どう子どもに教えたらよいのか不安感いっぱいのまま子どもに接している保護者や、子どもの行動の不具合を「障害」だからとあきらめてしまい、そこから先に進むことができなくなってしまっている保護者に対して、どう支援していけばよいのだろうか。保護者の悩みである、子どもの生活上の困難さを解決していくための具体的な方法を教えてくれる援助者の存在が必要である。子どもに覚えさせたいことがあるときは、子どもの今の状態を見極めて目標を定め、実践に向けてのプログラムを立てて指導を始めていくといった手続きがある。まず、子どもの障害特性を正しく把握すること。次に、子どもは叱るのではなく、軌道修正をしながら育てていくという基本姿勢を忘れないこと。そして、障害があってもその子の能力には可能性があり、それを確実なものにする保護者の療育学習に援助者と共同で取り組んでいくことが大切である。

療育相談

　筆者が障害のある子どもたちの支援にかかわるなかで実際に出会った相談内容の一部を**図表11-1**に紹介する。これらはすべてわが子の成長を願うものであるが、日々の生活のなかで保護者たちが困っていること、どう対応していいのかわからないといった未学習、誤学習によるいわゆる「問題行動」といわれる事例に関する相談がほとんどで、解決への道筋を求めるものであった。

4. 子どものことがわかる ABC 分析

　保育所等で直接子どもたちの支援を行う保育士として、障害を受容し、理解し、子どもたちやその保護者の願いに応えていくための支援の内容、方法について考えてみよう。

　障害を特別なことではなくその子どもがもつ個性として受け入れ、社会的弱者としての障害を、共感をもった福祉という目線で受け入れて支援をしていこうとする障害の受容観がある。この講では、応用行動分析学の考え方に基づいた障害の理解の仕方、支援の方法について考えてみる。

図表11-2 子どもを理解するための応用行動分析学の考え方——ABCフレームの枠組み

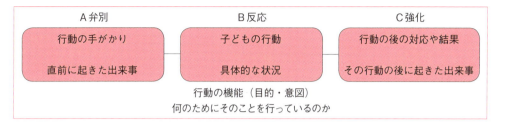

応用行動分析学

　人間すべての行動する原因を環境に求めて、ある法則が樹立されてはいないかを明らかにするのが行動分析学であり、そのなかで、社会的に問題を解決するための行動の法則を適用して問題を解決しようとする学問が応用行動分析学である。

　精神分析学では、なぜそのような行動をするのかの原因を「こころがそうだから」という点に求める。一方、応用行動分析学では、なぜそのような行動をするのかの原因を、本人のこころや○○障害とか○○症といったその人自身に帰属する特性に求めるのではなく、本人と環境との相互作用により学習した結果と考える。子どもの行動は、それだけが突然に起こるものではないという立場をとる。

　このことを行動分析の枠組み（**図表11-2**）にあてはめてみるとわかりやすい。

　相談事例のなかにある「保育園の先生のいうことは聞くのに、どうして家では駄々をこねるのか」は、**図表11-3**となり、母親の指示の内容・指示の出し方が保育士とは違っていたから、子どもは駄々をこねたと説明できる。行動の前後に注目してみると、この場合、駄々をこねる（母親の指示に従わない）という母親にとって困った行動を改善していくためには、Aの行動の手がかりとCの行動の後の対応や結果を観察して、どこが違っているのかの原因を探して子どもの行動を正確に理解することが大切である。

　「子どものことを理解する」ということは、子どもの行動に焦点をあてて子どもが起こす１つひとつの行動をABC分析の枠組みにあてはめて、どうしてその行動が維持されているのかの原因を探していくことでより確実なものになっていく。

　「なぜできないか」と考えたとき、応用行動分析学では、本人と相手（環境）とのやりとりがうまくいっていないからという考え方をする。相談支援の実際の場で求められる「できた」「×から○へ」という解決への道筋にたどり着くためには、やりとりの方法を柔軟に変えて、最もその子に適した指導方法を考えていく支援の

図表11-3 問題行動分析シート――要因を見つける

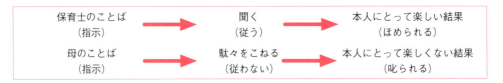

あり方が求められている。

5. 支援の実際・保護者へのアドバイス

支援計画を立てる

　支援計画とは、どう子どもにかかわるかという手続きのことである。支援助言の内容、仕方は、対象者、サービスを受ける課題、内容により千差万別である。こうしたなかで、適切な支援助言はできるのであろうか。大切なことは、日々の臨床経験とその時々の支援助言が適切であったのかというアセスメントであることをまず覚えておいてほしい。実際の個別支援計画の作成は、以下の点に注意して進めていく。
○何が課題であるのか。
○それをどのようにしたいのか。
○そのために何をするのか。
○その子に合った支援計画は、ABC分析のCのところが「できたね」「○だね」というように、子どもがほめてもらえるように作成する。
○実施した方法は有効であったか。そうでなかった場合、現在使用している方法を継続するのか、新しい方法を導入するのかを検討していくことが必要。

「強化」の概念

　次に、応用行動分析学の行動のとらえ方の特徴である「強化」について学習する。行動を成立、維持している行動の法則では、強化（行動の後の対応や結果）が重要な意味をもっている。人間は、自分を人に認めてもらいたい、関心をもってほしい、人からほめられたいという己の存在を肯定する願いをもっている。ほめられた（行動の後の対応や結果）行動は、子どもにとって楽しいこと・もっとやりたいこととして定着していく。反面、ほめられなかった行動、否定された行動、叱られ

図表11-4 プログラム作成のための用紙

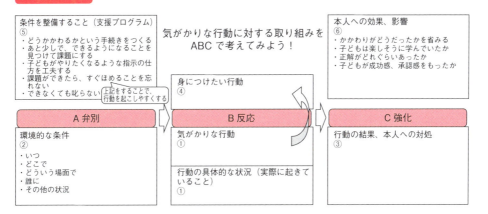

た行動は、子どもにとっては嫌なこととなって、こちらが求める行動の出現に結びついてはいかない。子ども自身が感じる満足感を導き出していくためにも「ほめられた行動が定着していく」という原理を理解したうえで、子どもの行動を細かく分析して、子どもの行動をほめる支援計画が立てられるとよい。

保護者へのアドバイスにおいて

わが子の発達に遅れがあると診断されると「遅れをとりもどそう」「早く○○ができるようにしてあげないと」と考えてしまい、わが子の「今の状態」「その子の障害特性」を正しく理解しないまま、子どもをしつけようとする親たちがいる。

子育てが自分の期待通りに進まないとき、子どもの指導は専門家でないと難しいと感じてしまい、子育てへの自信を失いがちになる。そして、ついつい子どもを叱ってしまう。子どもが、身のまわりのことをできるようになるまでにはいくつものプロセスがあるわけで、どの子も皆、それぞれの学び方があることを保護者の気持ちに寄り添いながら支援していくことが求められる。

Step 2

> **演習1** 子どものことを正しく理解するための手立てについて考えてみよう

課題

問題解決への道すじ、答えを求められる相談の場面で、保護者に対して実際に取り組むことができる支援のプログラムを提供していくために、まず、子どもが行っているいろいろな行動についていくつか取り上げて分析してみる。

進め方

① 応用行動分析学の考え方（**図表11-2**）、ABCフレームの枠組みを参考にして**図表11-4**の用紙を使って①②③の部分を書き入れてみよう。最初は個人で、次はグループで意見を出し合って①②③を埋めていく。

② 子どもの行動分析と、親の立場からの両方ともやってみるとわかりやすくなる。

事例1

「昼夜ともおむつがとれないのでどうしたらよいか」

分析1

	A	B	C
子ども	昼夜おむつ使用	おむつの中で排泄	おむつを取り替えてくれる
母親	おもらしがある	おむつを使う	後始末が楽

分析2

	A	B	C
子ども	パンツ・ズボン使用	失禁	母親に叱られておむつをはかされる
母親	おもらしがある	子どもに「どうしておもらしをしたの」と言う（子どもをしかる、嘆く）	うれしくない気分でやはりおむつを使う いつになったらトイレで排泄ができるようになるのだろうという不安

分析3　定時にトイレに誘導している場合

	A	B	C
子どもと母親	時間をみてトイレに誘導	トイレで排泄がある 出ない	母親がほめてくれる 母親はうれしい気分 分析2に同じ

例題の解説

「昼夜ともおむつが取れないのでどうしたらよいか」という問いを、おむつの部分に焦点をあてて分析してみるとこのように整理できる。

分析3のCに注目して考えてみよう。この部分から次の手順が見えてはこないだろうか。昼夜とあるが、まずは、昼の間はおむつを使うことをやめてトイレットトレーニングをやってみましょうと母親にアドバイスしていくことができる。

演習2　個別の課題ごとに支援プログラムをつくってみよう

進め方

① 図表11-4の用紙を使って④⑤⑥の部分を書き入れてみよう。この部分は、子どもの行動が起きやすくなるための仮説として、有効な方法を見つけるために必要となってくることなので、何種類かつくってみることが大切である。最初は個人で、次はグループで意見を出し合って④⑤⑥を埋めてみよう。

② 支援者が具体的にどうかかわっていくのかという視点で考えてみることが大切である。

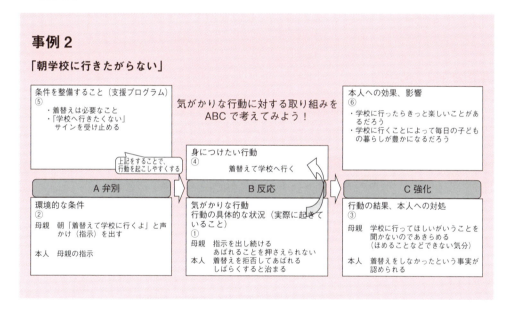

実際に行った対応と結果

　子どもとのやりとりを「学校へ行くの嫌なのね」「わかったよ」「じゃあ着替えなくていいよ」、でも「お昼ご飯食べたら学校へ行きます」と新たな指示を出してもらった。母親の報告では、暴れている子どもに「今日は学校行かなくてもいいよ」と伝えるとピタッと泣き止む。「そのかわり、お昼ご飯食べたら行こうね」と約束すると、納得した様子。昼食後、自分から着替えて登校した。支援者側が子どもの発信内容の確認をていねいに行い、お互いの要求を共有することが大切である。

Step3

1. 新しい障害児観、願いをかなえる実践力

　Step 1 と Step 2 で「共感をもった福祉という目線で受け入れて支援していこう」とする障害の受容観を紹介した。一歩進めて、子どもの立場や保護者の側に立った「応えていくための支援」「保護者支援の実際」について考察する。

　子どもにかかわることが上手な先生は、相手の行動がきちんと見えている観察上手な先生である。子どもの障害が理解できていないと、子どもに無理を強いたり誤った接し方を続けるなど、子ども本人ばかりか保護者にも大きなマイナスを及ぼす。

　子どもたちが示すいろいろな行動は、たとえそれが問題行動とされるものであっても、子どもが親や家族、先生や友だちに対して行うコミュニケーション行動としての発信行動である。子どもにとっては一生懸命の行動も、相手から否定されてしまうと子どもはどうしていいのかわからなくなってしまう。その結果、いつまでたっても関係は改善されない。

実践力を高める手順

　子どもの望ましい行動を見つけて増やしていくことで、楽しい体験ができる。
○1つひとつの行動を観察する。子どもができていることに着目する。
○今起きている行動を理解するための分析を行う。
○分析の結果から、何をどうするのかという具体的な支援プログラムを立てる。
○そして実践。手本を見せて、説明して、本人にさせてみて、ほめる。

人にかかわる専門性

　子ども一人ひとりの発達特性、障害特性を把握し、子どもの個性を大切にして、理解してニーズに応じた支援をしていく。子どものできない行動には手助け、できるようになった行動はほめる。罰は使わない。

　人とかかわる、障害とかかわる保育士の仕事の専門性とは、個々の障害特性を理解しながら子どもたちの本当の気持ちを理解することができる豊かな共感性とセンス、その願いをかなえることができる実践力とを併せもって、出会った人に対して自分ができる最善のおつきあいをいつもしていく姿ではないかと思う。

　お互いの要求を共有できること、支援者側が子どもからの発信内容の確認をていねいに行うことが大切である。

2. 子どもが変わることで親が変わる

　障害児といわれる子どもたちは充実した日々を送っているのだろうか。問題行動を起こしている子どもはどんなことを楽しみにしているのだろうか。障害児といわれる子どもをもった親は充実した日々を送っているのだろうか。

　子育てに自信を失っている保護者に対してどういう支援をしていくか考えてみよう。

ペアレント・トレーニング

　母親が、子どもの行動を正しく理解するための方法を学び、子どもに積極的に働きかける機会を増やしてあげて、望ましい子どもからの応え（こた）を少しでも多く母親自身が感じることができる体験を繰り返していくことが母親本人の強化となり、子育てのみならず母親自身の明日への生活の自信につながっていくと考えられる。

　臨床の現場では、保育士と母親とが相談して、日常生活で子どもが示す行動を取り上げた簡単な課題を設定し、課題ができたときは子どもを「ほめる」ということを続けるなかで、具体的な子どもとのかかわり方を学び、その機会が増えていくことでわが子を育てることに自信をもった母親像ができあがってくる。

　母親のこれまでの子育てのストレスに対する配慮から、最初は子どもが今できていることを題材に取り上げて、母親がかかわりやすいことから始めてみるとよいだろう。

　親たちが待っているのは、子どもと親が生きやすくなるための具体的な指導であり、安定した生活を送るための対人関係をつくっていく方法である。

　支援者は、何をほめて何を叱ったら（しか）よいかわからなくなっている保護者に対して、親の困り感を整理して、親と子どもの間に"よいやり取り"が増えていくよう適切な選択肢を用意する必要がある。

　その子を取り巻く環境が変われば、必ず子どもは変わっていく。支援の最終目標は、保護者が、子どもを取り巻く自分の問題を解決できるような子どもとのかかわり方を、自分自身で行っていけるようにすること。わが子の障害（個性）にどうつき合ったらよいのか、つき合う方法を見つけるための実践の積み重ね（つ）（かさ）といえる。

参考文献

- 東正『講座 なぜ行動変容の心理学なのか──ヒューマニズムとしてのオペラント』学研，1983.
- 三田地真実・岡村章司『子育てに活かすABAハンドブック──応用行動分析学の基礎からサポート・ネットワークづくりまで』日本文化科学社，2009.
- 飯田美枝子『障害のある子どもに学ぶお母さんたち』大揚社，2014.
- 浅井哲朗『応用行動分析ノート』親子能力開発研究所，私家版
- 春木豊編著『心理臨床のノンバーバル・コミュニケーション』川島書店，1987.
- 大野清志・村田茂編『動作法ハンドブック』慶應通信，1993.

COLUMN　子どもと一体感がもてる臨床動作法

　指示が通りにくい子どもや、自傷行為や他害（ほかの子どもを叩いたりする）があったり、落ち着きのない子どもに対してよく見かける保育士の対応は、「○○してはダメ」「止めなさい」など、子どもが起こしている事象に対して、言葉での注意や体を使っての制止が多いのではないでしょうか。このような場合、言葉への依存度を少なくして、ダイレクトに身体に問いかけていく動作法という方法もある（動作法について詳しく学びたい方は、日本臨床動作学会のホームページや『動作法ハンドブック・初心者のための技法入門』慶応通信などを参照）。子どもと一体感をもった援助者からの身体へのはたらきかけは、援助者が伝えようとしている伝達内容を子どもが受け止め、受け入れ、理解しようとするこころの育ちが子どもの自身のなかに生まれてくる。このことから、自分の身体に対する気づきが増し、動作を媒介としたコミュニケーションが成立してくる。

（竹田淳）

第12講

特別な配慮を要する子どもおよびその家庭に対する支援

保育所等では、子ども自身に特別な配慮が必要な場合だけではなく、保護者自身あるいは子どもを取り巻く家庭に特別な配慮が必要な場合もある。本講では、Step1でドメスティック・バイオレンスと保護者の精神疾患(しっかん)等の現状を整理し、Step2でニーズの把握(はあく)や配慮事項、支援の方法などを演習形式で考える。Step3では演習事例の解説を通して、特別な配慮を必要とする家庭への支援の理解を深める。

Step 1

1. 家庭に特別な配慮が必要な場合

　子どもは、周囲の環境に影響を受けながら成長していく。その環境に、当然ながら保育者や保育所等も含まれるが、何よりも大きな存在は保護者や家庭といえる。その保護者や家庭の基盤を揺るがす課題が、児童虐待やドメスティック・バイオレンス（以下、DV）である。児童虐待（第13講参照）は、子どもに大きな影響を与えることが容易に想像できるだろうが、DVが生じた場合、例えば父親が母親だけではなく子どもにも暴力をふるうなど、児童虐待とも深く関連してくる。実際に、「男女間における暴力に関する調査報告書」（内閣府，2018（平成30）年3月）によると、これまでに配偶者から被害を受けたことがある人は26.2％であり、そのうち子どもがいる人で、子どもにも何らかの被害経験があったという回答者は21.4％となっていた。さらにこの被害は、子どもへの直接的な行為にとどまらない。2000（平成12）年施行の児童虐待の防止等に関する法律が2004（平成16）年に改正された時には、DV（例えば、母親が父親に殴られる場面）を子どもに見せることも、子どもにとっては心理的虐待にあたるとして、間接的な行為も含めて子どもへの影響をとらえるようになった（第13講参照）。

　DVに関する法整備としては、2001（平成13）年に「配偶者からの暴力の防止及び被害者の保護等に関する法律（以下、DV防止法）」が施行された。この法律では、配偶者や暴力の定義、相談、保護、自立支援などについて定められている。施行後、2004（平成16）年の改正で、暴力は身体的暴力に加え、精神的・性的暴力も含まれるようになり、2013（平成25）年の改正で、配偶者は婚姻関係にある男女や元配偶者（離婚後）だけでなく、事実婚（内縁関係）も含まれるようになる等、対象や暴力の定義が拡大されている。暴力について、法律上具体的な内容は示されていないが、内閣府男女共同参画局のホームページでは相談の対象になり得る例示として、以下のように説明している（一部抜粋）。

○身体的なもの：平手でうつ、足でける、物やげんこつでなぐる、凶器をからだにつきつける、首をしめる、引きずりまわす、物をなげつける　など
○精神的なもの：大声でどなる、実家や友人とつきあうのを制限する、電話や手紙を細かくチェックする、無視して口をきかない、人前でバカにする、生活費を渡さない、仕事を辞めさせる、子どもに危害を加えるといっておどす　など
○性的なもの：見たくないのにポルノビデオやポルノ雑誌をみせる、いやがっているのに性行為を強要する、中絶を強要する、避妊に協力しない　など

Step1 レクチャー

　相談窓口としては、警察や各都道府県に設置されている婦人相談所（売春防止法第34条）が「配偶者暴力相談支援センター」の役割を担っている場合が多い。婦人相談員などの専門職がカウンセリングや相談機関の紹介、自立支援（生活、就労など）、一時保護などの支援を行う。配偶者暴力相談支援センターで受け付けた相談件数は平成26年度に10万件を超え、平成29年度では、全国278か所で10万6110件（女性10万4082件、男性2028件）となっている。

　配偶者からの暴力による影響は、**図表12-1**のように、「夜眠れなくなった」「自分に自信がなくなった」など被害者の心身におよび、さらに子育て家庭においては、このような保護者の状況が（たとえ虐待に至らないとしても）親子関係や子ども自身の心身に影響する可能性は高い。また、被害者のなかには、「相談していない、できなかった」人や、別れたいと思ったが「子どものために別れなかった」人なども少なくない。特別な配慮を必要とする家庭の場合であっても、保護者にとって身近にいる保育者としての存在は変わらず、**第8講**までに学んだ子育て支援に関する知識や技術を基本としてほしい。しかしこのような場合、保育者や保育所等での支援には必ず限界があるため、ほとんどのケースで専門機関との連携が必要となるだろう。保育者としては、これまで述べたような法的な根拠や専門機関の情報、保護者がかかえる複雑な感情や背景を理解するとともに、子どもだけでなく、日々の保護者の様子をていねいに観察・確認しながら、小さなサインも逃さないように心がけてほしい。

図表12-1 配偶者からの被害による生活上の変化（複数回答）

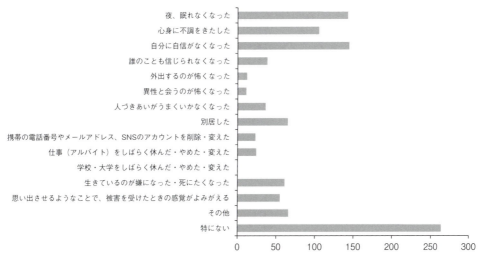

注：「男女間における暴力に関する調査報告書（内閣府男女共同参画局，平成30年3月）」を一部改変・抜粋．

2. 保護者自身に特別な配慮が必要な場合

特別な配慮が必要な保護者像

　保護者対応に苦慮する場合、保護者自身に課題を感じている保育者は多い。例えば、保育者の意図が伝わらない、園に対する依存や反発が激しいなど、さまざまな状態がある。牧野桂一によると、気になる保護者の像として、以下のタイプがある[*1]。

（1）発達障害がある保護者

　発達障害とは、発達障害者支援法には「自閉症、アスペルガー症候群その他の広汎性発達障害、学習障害、注意欠陥多動性障害その他これに類する脳機能の障害」と記載されている。発達障害がある人は、一般的にコミュニケーションや対人関係をつくるのが苦手である。

（2）神経症[*2]がある保護者

　心理的に不安になり、心身ともに障害を生じている状態である。そのため、保育者に対して、うまく助けや支援を求めることができない状態にある人もいる。不安により、おどおどした態度が目立つようになったり、自宅にひきこもりがちになり、他人との接触を嫌うようになることもある。

（3）うつ病がある保護者

　眠れない、食欲がない、一日中気分が落ち込んでいる、何をしても楽しめないといったことが続いている場合、うつ病の可能性があるといわれている。このため、日常的な子どもの世話ができなくなっている場合も多い。

（4）境界性人格障害がある保護者

　自己と他者の不安定なイメージ、感情と思考の制御不全、衝動的な自己破壊行為などを特徴とする障害である。気分のむらが大きく、安定した人間関係を築くことが難しい。

（5）統合失調症がある保護者

　幻覚や妄想という症状が特徴的な精神疾患である。それにともなって、人々と交流しながら家庭や社会で生活を営む機能が障害を受け、「感覚・思考・行動が病気のためにゆがんでいる」ことを自分で振り返って考えることが難しくなりやすいと

[*1] 牧野桂一「保育現場における子育て相談と保護者支援のあり方」『筑紫女学園大学・短期大学部人間文化研究所年報』25，pp.185〜187，2014.

[*2] DSM-Ⅳ（アメリカ精神医学会による精神障害の診断と統計マニュアル）以降、神経症の記述はない。ICD-10（疾病及び関連保健問題の国際統計分類）において、神経症は神経性障害に変更された。

いう特徴を併せもっている。

特別な配慮が必要な保護者の支援

（1）発達障害が疑われる保護者

わかりやすい言葉で話したり、短い文章で書いたり、話の内容を紙にまとめながら視覚的に説明したりするように心がける。重要な連絡や相談などは、可能な限り家族も一緒に聞いてもらうように配慮するとよい。

（2）神経症[*2]が疑われる保護者

わかりやすい言葉で、できるだけ前向きなことを中心に伝えていくとよい。例えば、子どものできない部分を伝えると、悲観的になり、落ち込むことが考えられる。子どもができないことに対する怒りを、子ども自身に向けてしまう可能性があるため、配慮が必要である。

（3）うつ病が疑われる保護者

保護者の不安感情や無力感、つらい気持ちに耳を傾けて聞くことは大切であるが、安易な励ましは行わないようにする。保護者の状態は病気のためであると受け止め、できるだけ早く専門家に相談することを勧める。

（4）境界性人格障害が疑われる保護者

保育所への要求が多く、その要求が理不尽な場合もある。要求を聞くだけでは、それ以降も自分の思うようにならなければ、再度要求を繰り返してくることがある。聞き入れることが難しい事柄についても、ていねいに要望を聞くことが大切になる。この場合は、時間の枠をつくり、その枠のなかで対応することが大切である。

（5）統合失調症が疑われる保護者

幻聴や幻覚などの症状により、極度に被害妄想に陥っている場合があったり、不安や恐怖に襲われて、保育者に助けを求めてくる場合がある。この場合は、保護者の言う内容に肯定はできなくても、その背後にある不安や恐怖にはしっかりと向き合う必要がある。子どもが保護者の精神的な混乱に巻き込まれないように子どもを守り、早期に家族の協力を得ながら、専門機関の受診を勧めていく。

このように、保育所に入所している子どもの保護者に対する支援は、子どもの保育との密接な関連のなかで、子どもの送迎時の対応、相談や助言、連絡や通信、会合や行事など、さまざまな機会を活用することで展開されるが、保護者自身が何らかの問題を抱えている場合には、より慎重に対応することが望ましい。個々の保護者の背景にある複雑な心理状態を念頭におき、真摯に保護者の気持ちを受け止めながら、保育者としての専門性を活かして支援していく必要がある。

Step2

> **演習** 2つの事例から、実際の現場で何ができるのか、子どもの立場に立って考えてみよう

課題

① 特別な配慮を要する家庭における子どもへの影響について理解を深める。
② 特別な配慮を要する家庭における保護者への対応について理解を深める。

進め方

① 事例を読む──子どもの立場から考える

　事例を読み、子どもの立場から各事例を考える。子どもはどのような気持ちになるか、どのような影響を受けるのか、自分自身の考えをまとめよう。

② 事例を読む──保育者としてどのように対応するか考える

　自分が担任保育者だったら、事例の子どもや保護者に対してどのように対応するか、保育所等で配慮すべきことは何か等について、自分自身の考えをまとめよう。

③ 他者と共有する

　可能であれば、①②についてグループ（5〜6名程度）やクラスで共有する。

事例1

　夫婦間の折り合いが悪く、子どもの前で夫婦喧嘩が絶えない。母親に精神疾患（うつ病）が認められる。

【家族構成】
　父親（42歳）：非正規社員　　母親（30歳）：パート勤務
　A君（3歳）：保育園に在籍　　次男（2歳）：保育園に在籍
　アパートで4人暮らし。近くに頼れる親族はいない。経済的にかなり厳しい生活をしている。

【父親の状況】
　非正規社員という不安定な労働環境で、収入が増えていく見込みはない。年度契約であるため、いつ会社を辞めさせられるかわからない。ささいなことでカッとなる性格で、妻にも手を上げている。A君は、妻の前夫の子であり、あまりかわいくないと言っている。A君に対しては何かにつけて叩いたり、「お前はばかだ、どこかへ行ってろ」など日常的に言ったりしている。

【母親の状況】
　短い時間ではあるが、パートタイムで仕事に行っている。家事全般をこなしながら、子どもの送迎を行っている。何事もきっちりとしないと気がすまない性格である。最近、妊娠し

たことに気づいた。その頃より、日々の家事がおっくうになり、いつもできていることができなくなっている。わけもなく悲しくなったり、新聞やテレビの情報さえも入ってこなかったりする状況が続いた。家事がままならないこともあり、夫からは「なんでできないんだ」と罵声を浴びせられることがたびたびあった。友人の勧めもあり、近くの心療内科を受診したところ、うつ状態にあることが分かった。園には、その病気について伝えてある。

【園での出来事】

　A君（3歳男児）はある日、頬にアザをつくって登園してきた。明らかに大人の手の跡が残っていた。送迎時に母親は、「昨日、弟にしつこくいたずらをするから、ついかっとなって思いきり叩いてしまいました。頭が真っ白でした」と担任に訴えてきた。「大変でしたね」と声をかけると、堰（せき）を切ったように泣きだし、「これからどうしてよいか分からない、夫とうまくやっていける自信がない。おなかのなかにいる赤ちゃんも育てられる自信がない」と否定的感情を訴えた。保育所でははじめて見る姿だったので、担任は動揺（どうよう）した。職員室に入ってもらい、園長と担任とで話を聞いた。確認されたことは、夫が子どもの前で妻に暴力を振るうこともある、A君に対しても日常的に頭や頬、太ももなど叩いたりする。食事の時に弟にちょっかいを出したA君に、1時間でも正座を強要する、近くに頼れる親族はいないことなどがわかった。

【A君の保育園での様子】

　A君は、とてもおとなしく、保育園では手のかからない、行儀のよい子どもである。しかし、表情が乏しくあまりしゃべらないのが気になっている。子どもらしいはつらつさがないことが担任は気がかりであった。遊びに誘うと、他児の行動をじっと観察した後にどうにか遊びだすという感じで、とても臆病な印象を受けている。その反面、担任が一人でいるときには、膝の上に乗ったりして、笑顔で甘えている。

① A君への影響やA君の気持ち

② 担任保育者としての対応

③ 保育所等として配慮すべき事項

第12講　特別な配慮を要する子どもおよびその家庭に対する支援

事例2

母親はBちゃん（3歳）に早く自立をしてほしいと願うため、身の回りのことや、自分で物事の判断ができるように、厳しい口調で指示を出している。

【家族構成】
　母親（35歳）：パートタイム職員
　Bちゃん（2歳）：保育園に在籍
母親と娘の2人で暮らしている。近くに母親の両親が住んでいるが、折り合いが悪いため行き来もなく、連絡も取り合っていない。

【母親の状況】
　収入は多くはないが、何とか生活はできる。幼少期に家出や非行を繰り返していたようで、気分のむらが大きく、衝動的で、安定的な人間関係を築くのが苦手な性格である。母親の気分が不安定な時には、保育園の担任に、食事の食べさせ方や運動のさせ方、トイレのさせ方など、細かなところまで自分の理想とする保育を求めてくる。その指示通りになっていないと、声を荒げ、怒りを担任にぶつけてくる。気分がよい時には、終始笑顔で世間話をしたりする。

最近、健康診断をきっかけに、がんであることがわかり、治療を開始した。幸い初期であったため、術後定期的な検査で経過をみることになった。

【保育園からの情報】
　Bちゃんが1歳になった頃から、近くの保育園を利用するようになった。園の育児相談会の時に、本当は望まない妊娠であったことを職員に伝えた。Bちゃんの父親は、子どもが授かったことを知ると失踪し、どこにいるかわからない。Bちゃんは出生時未熟児であったため、しばらくの間は保育器で育った。保育器の中にいるBちゃんを見た時に、「恐竜の子みたいだと感じた」と話した。対応した職員は、母親の言動に気になる点があったため、定期的に来所しているカウンセラーにつないだ。

カウンセラーに話した内容は、「子どもがかわいく思えない。Bちゃんが3歳になるまでに、自分で身の回りのことや文字の読み書き、分別ある行動ができるようになるなど、とにかくはやく自立ができるようになってほしい」ことであった。また、がんになり、自分の将来に対して不安を抱き、ますます長女の自立を願う気持ちが強くなったようだ。そのために、数キロ先にある公園に出かけるときも、体力をつけるということを目的に、抱っこをせがむ長女をとにかく歩かせたり、食事の時に人前で恥ずかしい思いをさせないように、こぼさずきれいに箸を使えるように持ち方を細かく注意したり、小学校に入ったらクラスの代表に選ばれるようなリーダーシップをもってほしいため、計算課題や文字読みなどを毎日行い、おもちゃなど、自分が出したものは元あった場所に正確に戻すことを指示している。さらに、友達との関係性についても、遊んでいい子と遊んではいけない子を明確に指示したりしている。

それが母親の思い通りにいかないと、「なんでできない、何度同じことを言わせる、あなたはこんなことでは将来生きていけない、あなたは人として失格だ」などと、ほぼ毎日のように叱っているようだ。周りのママ友からは、行き過ぎではないかと言われるが、自立した大人になるために、必要なしつけだと考えている。

Step2 プラクティス

① Bちゃんへの影響やBちゃんの気持ち

② 担任保育者としての対応

③ 保育所等として配慮すべき事項

第12講 特別な配慮を要する子どもおよびその家庭に対する支援

Step 3

1. 事例の対応

　事例1の母親は、うつ病の精神疾患を患（わずら）っており、毎日の生活にかなり疲れている様子がうかがい知れる。その精神状態にあるなかで、指導的な助言をしていくと、かえって状態を悪化させることになりかねない。夫婦間の関係も悪化しているようなので、まずは注意深く母親の話を傾聴することが必要である。できれば、園で静かな場所や他者に話の内容がわからないような場所で聞く方がよい。なお、この事例の場合は、夫婦間の暴力（DV）が確認されていること、父親による長男に対する身体的虐待（ぎゃくたい）の疑い、さらには、妊娠中である母親の精神疾患と家計が厳しいことなど、かなり多問題をかかえる事例である。

　事例2は、しつけと言いながら、長女に対して偏（かたよ）った育児を行っていることがわかる。保育園の記録では、本児の表情がいつも暗く、あまり笑わず、園活動を楽しめない様子が記述されていた。その他、いつも緊張していて、大人の顔色をうかがいながら行動したり、何かに失敗した時にはいつまでも泣き止まなかったり、あるいは突然乱暴になったりする様子が記録されている。このように、園生活にみられる集団内での問題行動や反抗的、攻撃的な行動が特徴としてあり、子どもに影響が出ていることが確認される。母親はしつけと言いながらも、子どもの人権を侵害する行為で、かつ、子どもが望まない行為を反復しているものととらえることができる。親の説明のいかんにかかわらず、結果的に子どもにとって有害な行為を行っている場合には、それを虐待という範疇（はんちゅう）で考え、虐待として対応するということを理解してほしい。そういう意味では、事例2の場合は心理的虐待としてとらえながら、がんを患い自分の将来を不安視するあまり、子どもの自立を早期に望む母親の心理面にも理解を示しながら、支援方法を考えていく必要がある。

2. 園内での情報共有と関係機関との連携

　子どもを取り巻く問題は、複雑・多様化しており、保育所の機能だけでは対応に苦慮することがあるため、関係機関との連携は重要な観点になる。そのためにまずは、保育者が虐待の疑いをもった時から記録を行う。場合によっては写真を撮り、より詳細に記録を行う必要もある。保育者一人がかかえる問題ではないため、主任保育士、園長に報告し、まずは園全体が問題について情報を共有し、手立てを考える。**図表12-2**は、日常の保育のなかで配慮しておきたい事項についてまとめたものである。子どもの立場に立って、組織的に対応していく必要がある。

図表12-2　子どもや保護者への対応

子どもへの対応	・子どもの味方であることを伝え、まず安心感をもたせる ・声かけを多くするなどふれあう機会を増やし、十分な受け止めをし、子どもが愛されているという実感をもてるようにかかわる。ただし、子どもの親代わりになるのではなく、保育の専門家として、特有の関係に巻き込まれないようにすること ・自己達成感を通じて自信がもてるような機会をつくる ・子どもの安全を最優先し、見守りのなかでいつもと異なる変化が見られたら、すみやかに関係機関に連絡する
保護者への対応	・できるだけ接触の機会を多くもつように心がける ・追及や非難をしない。追い詰めないこと ・不安、怒り、つらさ、悲しみを受け止め、気持ちに寄り添う（受容・共感） ・子育ての不安や悩みには、ともに考える姿勢を示し、気づきを援助する

　その後、市町村の児童福祉関係課へ通告し、他機関の援助を受ける体制にもっていく。現在は、市町村に要保護児童対策地域協議会が組織されているので、必要に応じて関係機関の支援が導入される。今回の事例の場合は、市町村児童福祉関係課、児童相談所、保健センター、健康福祉センターなどの関係機関の専門家の援助が必要であろう。

　児童相談所は、立ち入り調査等措置を行う法的権限があるので、緊急を要する場合や、保護者から理解が得られない場合に優先的にかかわることができる機関である。市町村福祉事務所は、要保護児童対策地域協議会のネットワークを運営したり、虐待事例を管理したりと調整機関として重要な役割を担っている。また、市町村の保健センターや、都道府県の健康福祉センターは、新生児・未熟児訪問、乳幼児健診等で早い段階からかかわりをもつ。さらに、保護者の精神疾患のケアや、心の相談などにも対応し、医療機関と連携の調整を行う。

　そのほか、学校、警察、医療機関、民生委員・児童委員などの地域のネットワークを利用しながら、特別な配慮を要する家庭への支援を行うことが必要であろう。

参考文献

● 厚生労働省雇用均等・児童家庭局総務課『子ども虐待対応の手引き（平成25年8月改正版）』2013.

COLUMN 「気になる子ども」の家庭支援の視点

　巡回相談で保育園に行くと、「気になる子ども」について相談を受ける。保育園での集団生活で、友だちとうまく遊べない、園行事にスムーズに参加できないなど、保育士の目から見て「気になる」ところが目立つためである。「気になる子ども」の多くは、発達障害のある子の特性に似ている点があるが、その気がかりな部分をどのように家族に伝えるかは、大変難しい。仮に発達障害の特性にかなり当てはまるからと言っても、保育園は子どもに障害があることを診断したり家族に伝えたりすることはできない。保育の専門家として、子どもの気がかりな点に、家族が早く気づいた方がいいと思うのは当然のことだとしても、早期対応ばかりに支援が行き過ぎると、まだ信じたくない家族の気持ちと対立して、支援が行き詰まり会話をすることさえ難しくなることがある。

　保育士の役割は、例えば「気になる子」をもつ母親の思いに寄り添ったり、その子どもが保育園の生活が楽しいと思えるようにかかわることである。他の子どもと少し違うからといって、「気になる子」とレッテルをはってしまうのではなく、どんな子どもも幼児期は発達の途上であり、一人ひとりが気になる存在であるという視点に立つことが大切である。

（青井利哉）

第13講

子ども虐待の予防と対応

本講では、現在、大きな社会問題となっている「子ども虐待(ぎゃくたい)」について、①子ども虐待の経緯と状況、②子ども虐待への対応、③子ども虐待の現状について取り上げる。Step1では、①について「児童虐待の防止等に関する法律」等、関係する制度の内容も含めて解説し、Step2では、演習形式で子ども虐待対応等について具体的内容を理解し、Step3では、②③について理解を深める。

Step 1

1. 児童問題の背景

　第二次世界大戦後の日本の家族形態は、高度経済成長とともに祖父母と父母とその子どもがともに暮らす三世代家族から親と子どもだけで暮らす核家族が増加した。また、急激な少子化のなかで子どもが置かれている環境が大きく変化し、たとえば、故郷を離れて都会で生活する人々も増えたが、近隣には親戚や友人もいないという子育て家庭の孤立化という状況が生じ、父親は仕事で帰宅が遅く、支援がないまま母親が子育てを担っている家庭が多いなど養育機能が低下している。

　さらに、母子家庭の貧困率の高さや子どもの貧困などにより、子どもの健全な成長に問題が生じ深刻化してきている。

2. 子ども虐待問題の経緯

　1947（昭和22）年に制定された「児童福祉法」において、子ども虐待に関し、通告の義務・立ち入り調査・一時保護・家庭裁判所への申し立てなどがすでに盛り込まれていた。しかし、子ども虐待の存在が問題として認知されない状況で通告の義務は十分に周知理解されず、児童相談所も家庭裁判所への申し立てなど手続きに時間がかかりすぎるなどの理由で、積極的に活用しない状況が続いていた。

　しかし、1990年代に入り、メディアの報道や民間団体による防止活動が活発に行われたことや、1994年に「子どもの権利条約」を批准したことなどにより、子ども虐待の存在が社会的に認知されるようになった。

　さらに、「児童相談所における児童虐待相談対応件数」は、統計を取り始めた平成2年度は1101件であったのが、平成11年度には1万1631件と1万件を超えるまでになり、関係者や研究者から「子ども虐待に対応するための法律」の制定が求められた。

3. 児童虐待防止法の成立

　これらを受けて、2000（平成12）年に超党派による議員立法という形で「児童虐待の防止等に関する法律」が成立し、同年11月に施行された。

　この法律により「児童虐待」が、「保護者あるいは保護者の代わりをする者（児童養護施設の施設長など）が子どもの心身の成長・発達に著しく有害な影響を及ぼす行為」として初めて定義され、その行為の内容は身体的虐待、性的虐待、ネグレ

クト、心理的虐待の4種類とされた。

また、国や地方自治体の責務として、関係機関や民間団体との連携強化や関係機関等による児童虐待の早期発見と通告も盛り込まれるなど、体制整備も進められた。

4. 児童虐待防止法施行後の状況

法施行後も児童相談所における児童虐待対応件数は増え続け、施行5年後（平成17年度）には3万4472件とほぼ2倍、10年後（平成22年度）には5万6384件と3倍以上となった（**図表13-1参照**）。

その後も件数は増加し、平成28年度には12万2575件と約7倍となった。これは法施行により児童虐待の周知・理解が進み、虐待の発見・通告につながり増加したことも要因と考えられるが、少子化により児童人口が減少していることをふまえると児童虐待の深刻化に歯止めがかかっていないとも考えられる。

図表13-1 児童相談所における児童虐待相談対応件数

年度	件数
平成2年度	1,101
平成7年度	2,702
平成12年度	17,725
平成17年度	34,472
平成18年度	37,323
平成19年度	40,638
平成20年度	42,664
平成21年度	44,211
平成22年度	56,384
平成23年度	59,919
平成24年度	66,701
平成25年度	73,802
平成26年度	88,931
平成27年度	103,286
平成28年度	122,575

厚生労働省資料より作成

5. 児童虐待防止法の改正

　児童虐待防止法は、施行後も市町村等の体制整備と増加する児童虐待の状況や関係する制度（DV防止法の制定等）の状況もふまえて、2004（平成16）年と2008（平成20）年の2度改正、施行された。また、併せて児童福祉法の改正も行われた。

2004（平成16）年改正の内容

　法の目的に「児童虐待は著しい人権侵害である」と明記され、次に説明する内容等の見直しが行われた。

（1）児童虐待の定義の見直し

　保護者以外の同居人による児童虐待と同様の行為を「保護者によるネグレクトの一類型」とすることと、児童の目の前でドメスティック・バイオレンス（DV）が行われる等、児童への被害が間接的なものについても「児童虐待（心理的虐待）」に含まれることとなった。

（2）児童虐待にかかる通告義務の拡大

　通告義務の対象を、児童虐待を受けたと「思われる」児童にまで拡大した。

> **DV防止法**（配偶者からの暴力の防止及び被害者の保護等に関する法律：2001（平成13）年施行）
> ○「配偶者や恋人など親密な関係にある、又はあった者から振るわれる暴力」のことをいい、配偶者は男女を問わず、暴力も身体的暴力のみならず精神的・性的暴力も含む。
> ○警察におけるDV等事案の相談等件数は、法施行後の2002（平成14）年は1万4140件だったのが、2016（平成28）年には6万9908件と約5倍に増加している。このうち児童の面前で行われたものが児童虐待（面前DV：心理的虐待）として児童相談所に通告されるようになった。

（3）児童福祉法の一部改正

　同時に児童福祉法も一部改正され、市町村が、子ども虐待の相談窓口となり必要な調査や指導を行うことが規定された。また、関係者間での情報交換や支援協議などを行う「要保護児童対策地域協議会」の設置もできるようになった。

2008（平成20）年改正の内容

　改正の主な目的は、年間100件前後で推移する児童の虐待死（2005（平成17）年：86件、2006（平成18）年：126件）を含む深刻な問題が継続していることから、児童相談所の権限強化が図られた。

（1）立入調査等の強化

虐待通報を受けたとき、児童相談所は速やかに児童の安全確認（48時間以内）を行わなければならないが、保護者が同意せず立入調査に応じない場合、裁判所の許可を得て強制立入できるようになった。

また、児童虐待を行った保護者に対する面会・通信制限の対象拡大や「接近禁止命令制度」も創設された。

（2）児童福祉法の一部改正

市町村に「要保護児童対策地域協議会」の設置について努力義務が課せられたことにより、関係機関の連携強化が図られた。

要保護児童対策地域協議会

都道府県や市町村等の地方公共団体が設置し、要保護児童等に関する情報交換や支援内容の協議を行う児童福祉法に定められた協議会である。

○要保護児童
保護者のいない児童または保護者に監護させることが不適当であると認められる児童（虐待や非行等）

○構成メンバー
設置自治体を含む関係機関等で構成されている。主な構成メンバーは、保健機関、学校・教育委員会、保育所、警察、医療機関、弁護士会、民間団体、児童相談所等である。

○活動内容
要保護児童についての情報確認と情報共有や関係機関相互の情報交換、また、児童に対する具体的な支援の内容の検討および主たる担当機関と主たる担当者の決定などを行う。

---

6. 子育て世代包括支援センター

乳幼児の虐待死や精神的な問題等、さまざまな理由で育児困難を抱える妊産婦を含む母親等へ、新たに妊娠期から子育て期にわたる切れ目のないきめ細やかな相談支援等を行うため、母子保健法が改正され、平成29年度から市町村に設置することとなった。

Step 2

> **演習1** 次の事例を読んで、どのような種類の虐待が疑われるか考えてみよう

課題

保育所内でみられる親子の様子から、どのような虐待（ぎゃくたい）が疑われるか具体的な行動等を整理して考えてみよう。

> **事例1　落ち着きのない行動を示すK君**
>
> 　4歳のK君は、会社員の父親とパートで働いている母親の3人家族の長男で、昨年4月からこの保育所に通っている。昨年12月に父親が突然会社を退職し、6か月がたった今も母親の不定期のパートの仕事のみで再就職先が決まっていない。母親はパートを続けているものの家庭の収入が減り、家事・育児にも負担を感じるようになったため、K君へのかかわりがおろそかになり、ときにはイライラして暴言を吐くようになった。
> 　K君は2か月ほど前から行動に落ち着きがなくなり、ちょっとしたことで大声を出したり、汚れた服を着たまま登園して来たり、ときには朝食を食べていないと訴えるようになった。

方法

① 担当保育士として、K君と母親の気になる行動と家族の状況をいくつかあげてみよう。
② ①であげた行動等を「虐待」によるものとそれ以外のものに分け、「虐待」については類型ごとに分けてみよう。

解説

　事例1は、父親の退職とその後の状況による収入減が母親の負担感を増し、精神的に余裕がなくなったことにより、子どもへの「ネグレクト」「心理的虐待」が起きてしまったと考えられる。

　経済的な問題が解決すれば虐待行動は改善されると考えられる事例であり、保護者との関係を維持しながら経過を見ていく必要がある。

Step2 プラクティス

演習2　次の事例を読んで、虐待が疑われる親子への対応について考えてみよう

課題

虐待が疑われる親子がいるとき、保育士あるいは保育所としてどのような対応を取らなければならないか考えてみよう。

> **事例2　首に傷をつくってきたT君**
>
> 　4歳のT君は、2年前に母親が再婚した会社員の養父と母親および1歳の妹の4人家族の長男で、一昨年4月からこの保育所に通っている。昨年4月頃から腕や足に擦り傷のようなものが2回認められ、母親に事情を確認したところ家の中で遊んでいて転んだということだった。そのうち保育所内でT君の行動に変化がみられ、理由もなく突然大声を出したり、一緒に遊んでいた子を叩いたり、おもちゃを投げつける行動がときどき見られるようになった。
>
> 　今年に入り、先週、首に小さなあざがあるのを担任が発見し母親に確認したが、明確な返答は得られなかった。今朝も首に赤い傷がついているのを担任が発見し、T君と連れてきた母親に確認したところ、T君は「昨日、お父さんに首を絞められた」と訴えたが、母親は遊んでいて椅子にぶつけたと言いそのまま帰ってしまった。担任はT君のこれまでの様子を園長に報告し、今後の対応を相談した。

方法

① 担当保育士のこれまでの対応について、考えられることをあげてみよう。
② 保育所としての対応について、考えられることをあげてみよう。

解説

　事例2は、実母が再婚した養父との間にできた妹がいる「ステップファミリー」といわれる家族形態であり、T君は虐待のリスクが高い環境のなかに置かれている。また、1年前から気になる傷や行動があったことから、担当保育士としてよりていねいな母親とのかかわりや情報収集が必要だったと考えられる。

　首を絞められたという訴えと首の傷が確認されていることから重大な虐待が行われた可能性は否定できない。また、母親は虐待を否定しているが、至急、児童相談所に通告し、連携しながら対応していく必要がある。

Step 3

1. 身体的虐待

　子ども虐待についてここ20年程の間に法律の制定や新たな対応策が次々ととられてきたが、虐待件数は逆に増加しており、早期発見・早期対応が求められている。そのためには、保育士・教諭等の関係職員が虐待の症状や兆候について理解し対応できるようになることが必要である。

　Step 3では、4種類ある子ども虐待の状況とその具体的内容について説明する。

　平成28年度に児童相談所で受け付けた身体的虐待に関する相談は約3万1900件で総相談対応件数の約4分の1（26％）となっており、平成18年度の約1万5300件（41％）に比べて比率は減っているが、件数としては2倍以上の増加となっている。

　図表13-2は身体的虐待の具体的行為の内容である。どの行為も状況によっては児童の生命にかかわる重大な傷害を負わせかねない危険なものである。

図表13-2　身体的虐待

- 殴る、ける、たたく、投げ落とす
- 激しく揺さぶる、やけどを負わせる、溺れさせる
- 首を絞める、縄などにより一室に拘束する
  など

　保育所等で比較的発見しやすいのは、普段認められない不自然な傷やあざが手足、首、顔、頭部などにある場合である。また、場合によっては、おなかや背中、胸など気づきにくい部位にしか傷やあざがないこともあるので、子どもの体調や言動に注意する必要もある。その他、生命に重大な危険性をおよぼす乳幼児揺さぶられ症候群もある。

乳幼児揺さぶられ症候群

　赤ちゃんが危険ではないかと思われるほど激しく揺さぶられることによって脳内が傷ついてしまい、それによって重大な障害が残る状態（死亡する場合もある）をいう。症状としては、元気がなくなる、機嫌が悪くなる、すぐ眠ってしまう（傾眠傾向）、嘔吐、けいれん、呼んでも答えない（意識障害）などがある。原因として多いのは「育児ストレス」と言われている。

2. ネグレクト

　平成28年度のネグレクトに関する相談は、約2万5800件で総相談対応件数の約5分の1（21％）となっており、平成18年度の約1万4300件（38％）に比べて比率は減っているが件数としては1.8倍以上の増加となっている。

　図表13-3はネグレクトの具体的行為の内容である。多くの行為は比較的長期間継続し、徐々に児童の健全な成長に悪影響をおよぼすものである。また、重い病気になっても病院に連れて行かない（医療ネグレクト）など、状況によっては児童の生命にかかわる行為もある。

図表13-3　ネグレクト

- 家に閉じ込める
- 食事を与えない
- ひどく不潔にする
- 自動車の中に放置する
- 重い病気になっても病院に連れて行かない

など

　保育所等で気づきやすいものとして、朝食を食べてこない、同じ服や汚れた服を着てくる、虫歯があるのに治療しないなどである。また、高熱があり体調がよくないのに病院に連れて行かず保育所に連れてくることなどもある。

医療ネグレクト

　医学的治療を受けないと子どもの生命や身体・精神に重大な障害が生じる可能性があるにもかかわらず、保護者が適切な医療行為を受けさせないまたは拒否することをいう。

　高熱が続いているにもかかわらず病院を受診しない、あるいは輸血を拒否して手術を拒むなどの行為がある。原因としては宗教的理由や医療不信、民間療法を信じているなどがある。

3. 性的虐待

　平成28年度の性的虐待に関する相談は、約1600件で総相談対応件数の約100分の

1（1％）となっており、平成18年度の約1100件（3％）に比べて比率は減っているが件数としては1.4倍の増加となっている。

　図表13-4は性的虐待の具体的行為の内容である。これらの行為は多くの場合、表面化しにくく長期間継続することもあり、児童の心身に重大な影響をおよぼすものである。また、乳幼児期の事例はほとんどないのが現状である。

4. 心理的虐待

　平成28年度の心理的虐待に関する相談は、約6万3200件で総相談対応件数の約2分の1（51％）となっており、平成18年度の約6400件（17％）に比べて約10倍と大幅に増加している。

　図表13-5は心理的虐待の具体的行為の内容である。これらの行為はほかの虐待行為と比べて身体面への影響は少ないが、情緒の発達など精神面への影響は大きなものがある。特に、自尊心が著しく傷ついたまま成長すると意欲が乏しく劣等感を抱きやすくなり、思春期以降に不登校や引きこもりなどの不適応行動に至ることもある。

　また、件数の急激な増加の原因は子どもの目の前で行われる「面前DV」による警察から児童相談所への通告件数の大幅な増加によるものである。

　警察からの心理的虐待の通告件数は2011（平成23）年に4890件（虐待通告総件数1万1536件の42％）だったのが、面前DV通告が行われるようになった2012（平成24）年に8266件（うち、面前DV：5431件）と1.7倍となり、2016（平成28）年には3万7183件（うち、面前DV：2万4998件（46％））と7.6倍に急増した。結果として児童虐待通告総件数5万4227件の69％を占めるまでになった。

図表13-4　性的虐待

- 性的行為を見せる
- 性器を触る、または触らせる
- ポルノグラフィの被写体にする

など

図表13-5　心理的虐待

- 言葉による脅し、無視
- きょうだい間での差別的扱い
- 子どもの目の前で家族に対して暴力をふるう（ドメスティック・バイオレンス：DV）
- きょうだいに虐待行為を行う

など

5. 子ども虐待への対応と予防等

　子ども虐待相談における虐待の加害者は実母が48％余り、実父が約38％余りで計87％程度と実父母が非常に多い状況となっている。また、被虐待児童は、保育所・認定こども園等に在籍している就学前が45％余り、小学生が34％と計80％程度が小学生以下となっている（平成28年度福祉行政報告例：厚生労働省）。

　つまり子ども虐待の加害者は、実母が半数近く、実父を含めると9割近くが実父母というのが実態である。また、加害者である実父母に対する児童相談所における相談対応はほとんどが在宅のまま実施されており、深刻な虐待のため家庭を離れて児童養護施設等に入所する児童は一部である。さらに、親権停止の申し立てまで行ったのはごくわずか（28件：平成28年度）というのが現状である。

　このため、保育所や市町村、医療機関や児童相談所等の相談機関などが「要保護児童対策地域協議会」を通じて連携協力し、子育て支援センターなど地域の社会資源を活用しながら保護者等の家族を支援し、子どもの健全な成長を目指していくことが基本である。

　また、核家族化による母親の育児不安と孤立化や自身の育児経験の乏しさから、不適切な養育を行っていることもある。これらに対しては深刻な虐待に至らないよう、保育所等で行っている子育てに関する相談支援や子育て支援センター等における相談支援でカバーできる部分が大きいと考えられる。そのため、保護者との関係づくりに普段から心がけ、気軽に相談できる体制をつくっておくことも重要である。

　予防的なはたらきかけとしては、保護者会、保育参観や町内会活動などの行事を通じて「子ども虐待」についてパンフレットの配布やビデオなどの鑑賞会、関係機関職員による講演などで理解を深めてもらう活動を地道に行うことが必要である。

　また、保育士・教諭等が「子ども虐待」について理解を深めるための研修会や講演会への参加、あるいは専門家による指導を通じて資質の向上を図り、虐待の早期発見や予防に積極的に取り組めるようになることも必要である。

参考文献
- 厚生労働省「平成28年度 全国児童福祉主管課長・児童相談所長会議資料」pp.5-8, 227-230, 311, 2017.
- 厚生労働省「平成28年度 福祉行政報告例の概要」2017.
- 厚生労働省「児童虐待防止法制度」2017.
- 内閣府男女共同参画局「配偶者からの暴力の防止及び被害者の保護に関する法律の概要」2017.

COLUMN ステップファミリーと子ども虐待

　ステップファミリーとは、結婚や事実婚により「血縁のない親子関係・兄弟姉妹関係を含んだ家族」のことをいい、さまざまなケースが存在する。

　2016（平成28）年度の児童相談所における虐待相談のうち実父以外の父による虐待は6.2％、実母以外の母による虐待は0.6％と非常に少ない状況である（厚生労働省：福祉行政報告例）。

　しかし、マスコミで報道されるような虐待死を含む深刻な虐待ケースはステップファミリー内で起こることも多い。これは、ステップファミリーだから起こる事態というよりは、結婚等をした夫婦それぞれの生育歴や婚姻歴および性向等さまざまな要因が影響し、子ども虐待という事態に至っていると考えられる。

　例えば、虐待を受けて育ち職を転々とし離婚した男性と、DVにより離婚した母子が再婚し、新たに子どもができた場合、父から母の連れ子に深刻な虐待が行われることがある。父母ともに虐待とDVという深刻な問題による困難をかかえた経験があり、それが克服されていない場合、適切な支援が行われないとこれらの問題が解決に至らないことも多い。

　結果として、一番弱い立場の子どもに深刻な事態が起きることになるが、予防的な介入を行うことはさまざまな困難をともなうのが支援の現場の実態である。

（天谷泰公）

第14講

要保護児童等の家庭に対する支援

本講では、社会的養護や児童養護施設等への理解を深めたうえで、児童養護施設に入所する要保護児童の出身家庭に対する支援や、貧困ないし虐待リスクの高い家庭に対する支援について学ぶ。Step1では、家庭支援の意義や機能、手法について解説し、Step2では、家族とのつながりや再構築の諸相を演習形式で学ぶ。そしてStep3では、多種多様な家庭支援を実践していくために必要不可欠な社会資源や今後の展望について学びを深める。

Step 1

1. 社会的養護と児童養護施設の理解

社会的養護とは

　社会的養護とは、保護者のいない児童や保護者に監護(かんご)させることが適当でない児童を公的責任で社会的に養育し保護するとともに、養育に大きな困難をかかえる家庭への支援を行うことと定義される。社会的養護の担い手には、児童養護施設、乳児院、児童心理治療施設、児童自立支援施設、母子生活支援施設、自立援助ホーム、里親、ファミリーホームがある。わが国の社会的養護は、主に行政庁がサービスの種類や期間、提供施設等を決定する仕組みである措置制度が採(と)られており、その措置権は児童相談所が有している。

　なお、厚生労働省児童養護施設入所児童等調査結果（調査実施日：2013（平成25）年2月1日）によると、社会的養護の対象となる要保護児童数は4万7776人で、このうち児童養護施設には2万9979人が入所中であることから、児童養護施設は、社会的養護の中核をなす機関であるといえる。

児童養護施設とは

　児童養護施設とは、児童福祉法第41条に規定されている児童福祉施設であり、原則乳児を除く18歳までの要保護児童が入所している。かつては戦災等により保護者をなくした児童の入所が中心であったが、現在は、虐待(ぎゃくたい)あるいは保護者の疾病や貧困等、環境上養護を要すると判断された児童の入所が大勢を占めている。前述の調査結果では、被虐待児童の割合は59.5％にも及んでいる。

　また一般的に、知的な遅れのない軽度発達障害の児童は、養育者からの虐待を誘発するような行動をしがちであることはよく知られているが、最近の医学的研究では、児童虐待によってもたらされる後遺症は、発達障害に類似した臨床像を呈すること、さらには虐待による慢性のトラウマが、脳の器質的な変化まで引き起こしていることも明らかになってきている[*1]。実際、入所児童のうち、なんらかの障害を有するとされる児童の割合は28.5％となっている。

虐待と貧困の拡大

　上記の児童養護施設入所児童の傾向や特性は、現代の世相を如実(にょじつ)に反映している

[*1] 友田明美『新版 いやされない傷――児童虐待と傷ついていく脳』診断と治療社，53頁，2012.

といえる。全国の児童相談所における児童虐待相談対応件数は、年々増加の一途をたどっており、児童虐待による死亡事件もあとをたたない。

児童虐待事案が多発している理由としては、地域における子育ての孤立化、ひとり親家庭の増加に起因する家庭の養育力の低下等が従来から指摘されてきたが、特に最近は、貧困が親のストレスを増大させ、虐待リスクを高めているとの見解も有力となっている。

わが国では、近年、徐々に相対的貧困率が上昇しており、今や6人に1人の子どもが貧困世帯に属している。子どもの貧困は、健康や成長への悪影響はもとより、意欲の低下や疎外感を生んでいるとの研究報告[*2]もあり、もはや看過できない大きな社会問題となっている。

要保護児童と家族の現実

現在、児童養護施設で暮らしている子どもたちのほとんどは、貧困世帯に属する家庭の出身である。そしてその約6割は、虐待を受けてきた子どもたちである。彼らはいわば貧困と虐待の二重のダメージを受けてきたといえる。

さらに問題なのは、これら貧困と虐待が世代間連鎖を起こしているという現実である。階層の固定化が進むなかで、自尊心が低く将来への夢や希望を描けない子どもたちが増え続けている。残念ながら児童養護施設に子どもを措置された保護者自身もまた児童養護施設の出身者である、ということも少なくない。

このような社会的養護課題の世代間連鎖を断ち切るためには、子どもたちへの支援はもとより、親への養育相談支援をはじめとする家族全体へのアプローチ、いわゆる家庭支援の役割がきわめて重要になってきている。

2. 児童養護施設の家庭に対する支援の実際

家庭支援に求められる姿勢

今日の児童養護施設には、単なる「家庭の代替の場」から家族機能の支援や補完、回復を重層的に担う「家庭支援（ファミリーソーシャルワーク）の場」に転換していくことが期待されている。具体的には、子どもや親の問題状況の解決や緩和をめざして、また虐待や貧困の世代間連鎖を断ち切ることをめざして、親が親を取り戻

[*2] 阿部彩『子どもの貧困――日本の不公平を考える』岩波書店，17頁，2008．

し、親子関係を回復していく、ないしは家族のつながりを再構築していくための支援の充実が求められている。

なお、これらの支援に際しては、子どもと親がともに育ち合う関係であることを前提としつつ、アタッチメントの知見およびエンパワメントやストレングスの視点を大切にした取り組みがなされるべきである。

また、子どもの最善の利益や子どもの権利を保障するといった視座から、子どもの自己決定権や意見表明権を強く意識し、子どもの意向や家族への想いを最大限に尊重しながら実践されなければならない。

さらには、支援対象となる家族そのものが、地域、学校、職場等、さまざまな外部環境の影響を受けながら日々容易に変化し続ける存在であるという、いわば生態学的な見地に立脚して、多面的なアプローチを展開していく必要がある。

運営指針や評価基準との整合

厚生労働省は、2012（平成24）年3月29日に「社会的養護施設運営指針及び里親及びファミリーホーム養育指針について」を発出し、児童養護施設等における養育・支援の内容と運営に関する方針を公表した。

さらに同日付で、施設運営の質の向上を図るためとして「社会的養護関係施設における第三者評価及び自己評価の実施について」および「社会的養護関係施設における第三者評価基準の判断基準等について」も発出し、全施設において取り組むべきケアの基準を詳細に示した。

この一連の通知内容を「児童養護施設の家庭に対する支援」というフレームで整理すると（**図表14-1**）のようになる。児童養護施設における家庭支援は、これらの指針や基準に貫かれている問題意識をより深いところでとらえつつ、その整合性にも十分留意して実践していくことが基本となる。

専門的ケアとチームアプローチ

貧困や虐待等、施設入所前の家庭問題がもたらすさまざまなダメージが明らかになるにつれ、心の傷を癒しトラウマ症状を軽減していくための「心理療法」や「家族療法」、重い過去の事実を受容していくための「生い立ちの整理」、アタッチメントを形成し、自己肯定感やレジリエンシーを育んでいくための「個別対応」や「性教育」「食育」等、専門的ケアの重要性が高まっている。

これらの実践にあたっては、各々の支援に関し、豊富な専門知識や高い援助スキルが要求されると同時に、親子の状態を複眼的に把握しつつ即応したケアを行って

Step1 レクチャー

図表14-1 運営指針等が求める児童養護施設の家庭に対する支援

児童養護施設運営指針各論（「家族への支援」より抜粋）	児童相談所や家族の住む市町村と連携し、子どもと家族の関係調整を図ったり、家族からの相談に応じる体制づくりを行う
	子どもと家族の関係づくりのために、面会、外出、一時帰宅などを積極的に行う
	親子関係の再構築等のために家族への支援に積極的に取り組む
児童養護施設第三者評価基準（「施設と家族との信頼関係づくり」および「親子関係の再構築支援」の「評価の着眼点」より抜粋）※2018（平成30）年改定	施設の相談窓口および支援方針について家族に説明し、家族と施設、児童相談所が子どもの成長をともに考えることを伝え、家族と信頼関係を構築できるよう図っている
	家庭支援専門相談員の役割を明確にし、施設全体で家族関係調整、相談に取り組んでいる
	面会、外出、一時帰宅などを取り入れ子どもと家族の継続的な関係づくりに積極的に取り組んでいる
	外出、一時帰宅後の子どもの様子を注意深く観察し、不適切なかかわりの発見に努め、さらに保護者等による「不当に妨げる行為」に対して適切な対応を行っている
	子どもに関係する学校、地域、施設等の行事予定や情報を家族に随時知らせ、必要に応じて保護者等にも行事への参加や協力を得ている
	家庭支援専門相談員を中心に、ケースの見立て、現実的な取組を可能とする改善ポイントの絞り込みを行うなど、再構築のための支援方針が明確にされ施設全体で共有されている
	面会、外出、一時帰宅、あるいは家庭訪問、施設における親子生活訓練室の活用や家族療法事業の実施などを通して、家族との関係の継続、修復、養育力の向上などに取り組んでいる
	児童相談所等の関係機関と密接に協議し連携を図って家族支援の取組を行っている

いくため、支援者同士のつながりを強化していくことが求められる。

　そこで保育士・児童指導員といったケアワーカーをはじめ、相談員・ソーシャルワーカーや心理担当職員、食育担当職員等、多職種の支援者集団が、自立支援計画の策定や評価等を通して情報の共有化や養育援助方針の統一化に努めるとともに、相互補完性を高めながら各々の役割を的確に果たしていく、いわゆるチームアプローチとしての家庭支援が展望されるべきである。

施設退所後の支援

　社会的養護領域における家庭支援は、施設入所中に行われる親子に対するケアだけにとどまらない。施設入所前段階における要支援家庭への訪問支援や施設退所後のアフターケアも十分に行われなければならない。

　特に施設を退所するということは、家庭の問題状況が多少なりとも緩和（かんわ）されたとはいえ、一定の課題を残している家族のもとに戻るか、あるいはまったく新しい未

知の環境で自立生活をスタートするということである。いずれの場合も、これまでの暮らしが一変することとなり、新たな困難に直面することは容易に想像がつく。

児童養護施設では、これらのリスクをふまえ、家族の再統合、あるいは社会への巣立ちにあたって生じる変容状況をていねいにモニタリングしつつ、適時適切にフォローしていくことも重要な任務となっている。

3. 地域支援へのひろがり

児童養護施設による地域支援

社会的養護の守備範囲にある家庭は、地域や親族から孤立していることが多く、一般的な行政サービスとしての子育て支援施策も届きにくい。そこで厚生労働省は、2011（平成23）年7月に「社会的養護の課題と将来像」を発出し、社会的養護の将来ビジョンとして、児童養護施設が地域における社会的養護の拠点となること、および市町村の児童家庭相談や子育て支援施策との連携を推進すること等、いわゆる「地域支援」の展開イメージを具体的に明示した（図表14-2）。

なお地域支援とは、親子分離に至らない段階での要支援児童やその家族への支援、家庭復帰後の親子関係再構築に向けた支援や自立生活・就労支援、さらに里親やファミリーホーム等、家庭的養護の担い手への支援のことである。

図表14-2 児童養護施設の地域支援展開イメージ

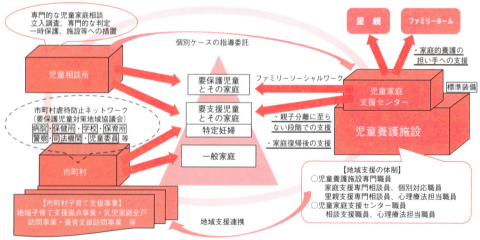

資料：厚生労働省「社会的養護の課題と将来像」2011. をもとに作成．

今後、児童養護施設が地域支援を着実に進めるためには、乳児家庭全戸訪問事業や養育支援訪問事業、地域子育て支援拠点事業や生活困窮者自立支援事業等、多様な市町村事業を自らの社会的養護スキームのなかに組み込む努力も必要となろう。

新しい社会的養育ビジョンと子どもの貧困問題等への試み

　2016（平成28）年に行われた児童福祉法改正は、子どもが権利の主体であることを明確にし、社会的養育の充実と家庭養育優先の理念を規定した。

　これらの理念を具体化するため、厚生労働省は、2017（平成29）年8月に「新しい社会的養育ビジョン」を提起し、里親委託や特別養子縁組を強力に推進するとともに、身近な市区町村によるソーシャルワーク体制や里親への包括的支援体制（フォスタリング機関）の拡充、在宅措置制度の構築、アフターケア機関による自立支援機能の強化等、地域支援諸施策の充実を求めた。

　一方、近年、地域社会では、子どもの貧困問題やひとり親家庭等の子どもの孤食問題の解決策の1つとして、子ども食堂の立ち上げや学習支援拠点（支援を要する子どもの放課後の居場所）づくりが、市民活動等によって急ピッチで進められている。これからの要保護児童等の家庭に対する支援にあたっては、このような社会的な潮流にも応じ、新たな施策や社会資源と連動した支援を模索していくべきであろう。

地域セーフティネットとの連携

　家庭支援の多くは、地域に存在する多種多様な社会資源とのかかわりを基盤として展開されている。その意味で支援の実践現場では、常に地域との連携力が問われているといえよう。

　児童養護施設には、児童相談所はもとより市町村・要保護児童対策地域協議会、学校、保育所、医療機関、福祉系NPO等との間で強固なネットワークを構築し、継続的かつ多層的な家庭支援を協働実践していくことが期待されている。

　また今日、児童虐待や子どもの貧困は、もはや特殊な問題ではなく、むしろ私たちが日常暮らす地域のなかで、いつでもどこでも起こりうる問題として普遍性を帯びてきている。それゆえ地域社会が、児童養護施設の有する家庭支援スキルを広く地域の要支援家庭へのサポートにも活用してほしいと望むことは必然であろう。

　このような地域社会ニーズに応えるためにも、児童養護施設は、「子どもの最善の利益のために、すべての子どもを社会全体で育む」という社会的養護の基本理念を顕現する中枢機関として自らをリフレーミングしたうえで、地域のセーフティネットと緊密に連携したソーシャルワークに挑んでいかなければならない。

Step 2

演習1　"家族のつながり"について考察してみよう

課題

① 貧困世帯の子どもたちの中には、養育者の疾病（しっぺい）や仕事などの都合で、一家団らんの機会をあまり得られず、家族とのかかわりや結びつきが希薄（きはく）なケースも少なくない。そこで、"家族のつながり"について探究する。

② 養育者等への取材により、自らの家族とのつながりを振り返るなかで、「家族でいること」や「家族になること」の意味をあらためて考える。

進め方

（1）準備するもの

① 「家族関係取材シート」

（2）方法

① 自分の親や祖父母など身近な養育者に「家族のつながりを実感した出来事」について取材する。

② 取材したエピソードの内容や対象者の心境を、図表14-3に示すような「家族関係取材シート」にまとめる。

③ 個人で作成した「家族関係取材シート」を小グループで発表しあうことで、家族関係の多様性を学び、"家族のつながり"に関する考察を深める。

図表14-3　家族関係取材シート：例

取材対象者	レポート作成者の実母（47歳）
エピソードの内容	・私が保育園児の頃、園の親子遠足で同年の子どもたちと一緒に児童遊園に行ったとき、私一人だけがブランコをこげなかったのを見て、母は強いショックを受けた。 ・そのことを祖父に告げたところ、その翌日から毎日、祖父は私を連れて近所の小さな公園に行き、ブランコの練習に付き添った。 ・親子遠足から2週間後の日曜日、母は、祖父と私に呼び出され公園に来た。そして私がブランコをこげるようになったのを見た。 ・いつも厳しい顔をしている祖父も、得意げにブランコをこぐ私のかたわらで、とてもうれしそうだった。
エピソードに関する取材対象者の心境	母は、わが子がブランコをこげるようになったことも、もちろんうれしかったが、母親の心配事を解消しようと、自分に代わって祖父が一所懸命、孫（私）にかかわってくれたことに、家族の絆（きずな）を強く感じた。

Step1 **Step2 プラクティス** Step3

演習 2　親子関係を再構築するための支援を学ぼう

課題

① 施設支援者と親による養育の協働によって、親が親となる、あるいは親を取り戻していく機会を想定する。
② ロールプレイを行い、親と子の関係性を再構築するための支援について、実践的に検討する。

進め方

（1）方法

① 図表14-4に示すケースについて、親子関係を再構築していくために適切と思われるイベント等を想定し、その際の支援者の対応等について小グループで考える。
② 上記の考察を図表14-5のような「家庭支援実践シート」にまとめる。
③ 「家庭支援実践シート」に基づいてロールプレイを行い、親、子、支援者、各々の立場から、親子関係が再構築されるシーンを疑似体験する。

図表14-4 演習ケース

入所児童	Nさん（女児：保育園年長児）
入所歴	I児童養護施設に、2歳9か月から入所（入所期間3年）
入所の経緯	実母は、実父と離婚後、Nさんを単身で育てていたが生活困窮に陥り、そのストレスからNさんに虐待を繰り返す。Nさんは医療機関からの通報により児童相談所に一時保護され、その後施設入所。なお現在、実父は所在不明、実母は近所のスーパーにてフルタイムで働いている。

図表14-5 家庭支援実践シート：例

イベント・状況	親と子、支援者の具体的な動き	支援者による親子への配慮や事前準備、関係機関との連携の状況
保育園の運動会	支援者は、母を運動会に誘い、Nさんがお友達と一緒に元気に活動している様子を一緒に見学する。	運動会時、支援者は、Nさんの発達ぶりをていねいに伝え、その成長を母とともに喜ぶ。保育園には、母が来ることを事前に通知し、親子競技への参加をうながしてもらう。

Step3

要保護児童等家庭支援のための社会資源

児童養護施設の家庭支援・地域支援スタッフ

　ここでは、家庭支援や地域支援を実施するにあたって、多くの児童養護施設が実際に活用している社会資源（専門職員・事業）を紹介する。

（1）家庭支援専門相談員

　虐待（ぎゃくたい）等の理由で入所している児童の保護者に対し、児童相談所との連携のもと相談援助等の支援を行うことで、入所児童の早期退所を促進し、親子関係の再構築等を図ることを目的として配置される相談員。ファミリーソーシャルワーカーともいわれる。平成16年度に加算制度化され、平成24年度から定数化された。

（2）里親支援専門相談員

　施設に地域の里親等を支援する拠点としての機能をもたせ、里親委託の推進および里親支援の充実を図ることを目的として配置される相談員。業務内容としては、里親の新規開拓、里親への研修、里親家庭への訪問および電話相談、里親会の活動支援、アフターケアとしての相談等がある。平成24年度に加算制度化された。

（3）個別対応職員

　虐待を受けた児童等の施設入所の増加に対応するため、被虐待児童等、個別の対応が必要な児童への1対1の対応、保護者への援助等を行うために配置される職員。平成13年度に加算制度化され、平成24年度から定数化された。

（4）心理療法担当職員

　虐待や夫等からの暴力による心的外傷等のため心理療法を必要とする児童や母子に、遊戯（ゆうぎ）療法、カウンセリング等の心理療法を実施し、安心感・安全感の再形成や人間関係の修正等を図ることにより、対象児童等の自立を支援することを目的として配置される職員。平成11年度に加算制度化された。

（5）職業指導員

　勤労の基礎的な能力および態度を育て、児童がその適性に応じた職業選択を行うことができるよう、相談助言、情報提供、実習等の職業指導を行うとともに、就労および自立を支援することを目的として加算配置される職員。特に近年は、施設を退所した児童へのアフターケアが主要な任務となっている。

（6）家族療法事業

　施設に入所している児童およびその家族で、施設長が必要と認めたもの、あるいは児童相談所、家庭児童相談室、施設等に相談があった在宅のひきこもり児童等と

その家族で、都道府県知事が必要と認めたものに対して、面接治療、親子レクリエーション、家庭訪問治療等の心理療法を行うための事業。

児童家庭支援センターへの期待

児童家庭支援センターとは、1997（平成9）年の児童福祉法改正によって新たに制度化された児童・家庭の問題に関する地域相談機関である。2017（平成29）年10月1日現在、全国に122か所あり、その大半が児童養護施設に附置されている。

事業内容としては、①児童に関する家庭その他からの相談のうち、専門的な知識および技術を必要とするものに応じる、②市町村の求めに応じ、技術的助言その他必要な援助を行う、③児童相談所において、施設入所までは要しないが要保護性がある児童、施設を退所後間もない児童等、継続的な指導措置が必要であると判断された児童およびその家庭について、指導措置を受託して指導を行う、④里親およびファミリーホームからの相談に応ずる等、必要な支援を行う、⑤児童相談所、市町村、里親、児童福祉施設、要保護児童対策地域協議会、民生委員、学校等との連絡調整を行う、とされている。

実際には、施設と地域をつなぐ結節点として、ショートステイの利用調整や乳幼児健診時の相談支援、子どもの養育や児童虐待防止に関する市民啓発セミナーの開催等、地域に密着した子育て支援活動を展開しているセンターも多い。将来、児童養護施設が社会的養護の地域包括支援拠点へと飛躍的な発展を遂げていくためには、児童家庭支援センターを標準装備（附置）し、そのインターフェイス機能やソーシャルワーク機能を存分に発揮させていくことが有効であろう。

図表14-6　児童家庭支援センターによる親子関係再構築支援イメージ

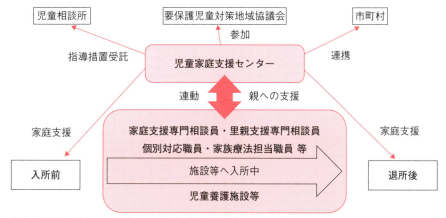

資料：厚生労働省「社会的養護関係施設における親子関係再構築支援ガイドライン」2014．をもとに作成．

参考文献

- 杉山登志郎『子ども虐待という第四の発達障害』学研教育出版，2007.
- 友田明美『新版 いやされない傷――児童虐待と傷ついていく脳』診断と治療社，2012.
- 阿部彩『子どもの貧困――日本の不公平を考える』岩波書店，2008.
- 数井みゆき・遠藤利彦編著『アタッチメントと臨床領域』ミネルヴァ書房，2007.
- 渡井さゆり『大丈夫。がんばっているんだから』徳間書店，2010.
- 児童養護における養育のあり方に関する特別委員会報告書『この子を受けとめて、育むために――育てる・育ちあういとなみ』全国社会福祉協議会・全国児童養護施設協議会，2008.
- 厚生労働省「社会的養護の課題と将来像」2011.
- 厚生労働省「児童養護施設運営指針」2012.
- 厚生労働省「第三者評価基準（児童養護施設版）」2012.（2018. 改定）
- 厚生労働省「社会的養護関係施設における親子関係再構築支援ガイドライン」2014.
- 厚生労働省「新しい社会的養育ビジョン」2017.

COLUMN 子どもの貧困や虐待問題の見えづらさ

　子どもの貧困や虐待等、社会的養護の諸施策にかかわろうとするとき、最初に直面するハードルは、支援対象を発見し捕捉（ほそく）することの難しさである。

　例えば貧困の問題でいえば、自らの貧困を恥とみなし、ひた隠しにしようとするスティグマ意識の浸透は根深く、また今日ではファストファッションや100円ショップ、リサイクルショップの隆盛によって身なりや見た目での判断も難しい。社会の流動性が増すにつれ、一時的困難から逃れるための失踪（しっそう）や漂流も頻繁化しているが、このような逃避行におよんでは、もはや彼らの存在自体が誰にも見えないという最悪の事態を招いている。

　なお、このように貧困という事実が社会的に隠され、見えづらくなっている状況は、子どもの貧困問題が社会政策上の重要課題としてクローズアップされることを抑制してしまっているともいえよう。

　しかし"すべての子ども"を対象化し、"社会全体で育む"ことをミッション化した社会的養護の基本理念は、こうした困難な実態にも対応し得る取り組みを求めているのではなかろうか。そうであれば今後の社会的養護領域における家庭支援や地域支援には、切れ目のなさや漏（も）れのなさ、すなわち"悉皆性（しっかい）"がより一層問われてくることになるだろう。

（橋本達昌）

第15講

多様な支援ニーズをかかえる子育て支援家庭の理解

本講では、現代社会における多様な支援ニーズをかかえる子育て支援のうち、①多文化共生社会における多文化家庭の増加に関する理解、②多文化保育・教育に関する理解、③多文化保育実践の視点と保育者の専門性の3つのポイントを取り上げる。

Step1では多文化共生社会の現状と多文化保育・教育について解説し、Step2では②と③を演習形式で学ぶ。そしてStep3では多文化保育実践の2つの視点と保育者の専門性育成について学ぶ。

Step 1

1. 日本の多文化共生社会の現状と政策

多文化家庭の増加

　近年の日本における在留外国人数の推移をみると、1989（平成元）年に98万4455人、2000（平成12）年に168万6444人、2008（平成20）年に221万7426人、2016（平成28）年6月30日現在は230万7388人に増加している。在留外国人が占める割合も年々増加し、2016（平成28）年9月1日現在の総人口（1億2690万3千人：総務省統計局「2017年度人口推計」）の0.18％を占めている。そのうち、満0歳から6歳の子どもの数は10万6827人で0歳から18歳の児童の約41％を占めている。これは、日本に暮らしている多国籍家庭、すなわち多文化家庭は若い夫婦世代が多いことを示しており、また子どもが日本国籍であっても、国際結婚等によって外国にルーツをもつ子ども、国外で生まれ育った子ども、日本生まれで日本育ちの子どもなど、さまざまな背景をもっている。また、国籍別の推移（2017（平成29）年）をみると、中国が67万7571人（29.4％）で一番多く、韓国が45万6917人（19.8％）、フィリピンが23万7103人（10.3％）の順になっている。

多文化保育・教育の必要性

　このように、多文化家庭の子どもとその保護者は言語や生活習慣等の異なる文化環境にあるため、言葉・食事・習慣・伝統的行事等、文化の違う保育環境のなかで育てられている。したがって、保育現場における多文化保育・教育のあり方が求められており、多様性に対応できる保育者の資質と専門性が必要とされる。これはまた、保育者養成および現職教育における現代的課題として指摘されている。

多文化共生社会に関する国の政策

　多文化共生社会に向けた国の政策のはじまりは、外国人人口の増加の背景と関連している。1972（昭和47）年の日中国交正常化による中国残留日本人孤児やその家族の帰国といった歴史的背景、1980年代後半からは「出入国管理及び難民認定法」の改正（1990（平成2）年）による経済交流、研修生の受け入れ、留学生、国際結婚などによる外国人の増加がその背景にある。そして、国の政策も1980年代後半からは国際協力・国際交流政策、1990年代からは外国人労働者の受け入れ・情報管理等の経済政策が中心となった。その後、2006（平成18）年3月に「地域における多文化共生推進プラン」（総務省）が策定されたことをきっかけに地域における多文

化共生、国際交流、国際協力を3つの柱とする地域の国際化が推進された。このプランの基本的な考え方において、コミュニケーション支援、生活支援、多文化共生の地域づくり、多文化共生施策の推進体制の整備であり、地域の市町村および都道府県の役割が明文化された。

2013（平成25）年から毎年改訂されている「日本再興戦略」で、「グローバル化等に対応する人材力の強化」と政策の見直しがされ、外国人を経済成長の担い手とする政策的視点が加えられ、優秀な人材が日本で働き、かつ暮らしやすくするための中長期的視点からの政策が進められた。2016（平成28）年の改訂では、初めて外国人の生活環境の整備についても言及された。そして、2017（平成29）年には「多文化共生推進プラン」の施行後、「多文化共生事例集」が発刊され、プラン実施後10年間の優良な取り組み事例が紹介された。その取り組みの特徴として、行政、NPO法人などの多様な団体との連携、外国人住民自身が支援者となる活動の推進、外国人住民の高齢化にともなう支援活動の必要性、日本人住民への啓発の必要性などがあげられる。

多文化共生社会—地域の取り組み—

地域の取り組みとしては、まず当面課題である就学前施設や学校機関への言語支援、すなわち通訳者派遣の支援や生活のガイドブックの発行、保護者の日本語学習機会の提供等の支援事業が実施されている。

その事例として、大阪府八尾市（人口26万8755人（2016（平成28）年3月現在）、外国人住民数6767人（2.23％））には、外国籍を有する市民で日本国籍を取得した人、中国帰国者、両親が国際結婚をした人、海外での長期滞在生活を経て帰国した人など、外国にルーツをもつ日本国籍を有する市民が多く、さまざまな歴史的・地域的・文化的背景を有する。言語・文化・生活習慣なども多様化しており、八尾市は*1外国人市民の現状について「外国人市民情報提供システム調査」を実施し、多文化共生が地域に根づくための対応施策の充実を図っている。

また、多様な保育サービスの充実を図る保育施策と望ましい幼児教育環境の充実を図る幼児教育施策を実施し

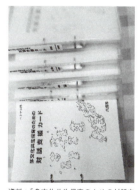

資料：「多文化共生保育のための対話支援カード」八尾市保健福祉部保育施設課, 2001.

---

*1　八尾市ホームページ「八尾市統計書」http://www.city.yao.osaka.jp/0000035871.html, 2018.

ている。特に、八尾市は保育所に通う外国人児童の増加に対応するため、2001（平成13）年に外国語の対話カードを作成している。これは保育にかかわるさまざまな人々にとってのコミュニケーション手段となり、ことばや文化の違いを互いに認め合い尊重する多文化共生の理念にもとづき、保育にかかわるさまざまな場面で必要な対話内容を、日本語と外国語（中国語、ベトナム語、韓国・朝鮮語、英語、ポルトガル語）で表記したカード「多文化共生保育のための対話支援カード」として作成し、市内すべての就学前施設に配置して言語支援を行っている。この外国語の対話カードの作成と実施は、地域自治体の先進的な取り組みの一つといえる。

2. 多文化保育・教育に関する法的根拠と歴史

多文化保育・教育に関する法令

　多文化教育関連の法令では、子どもの権利としての人権・教育権として「日本国憲法」（1946（昭和21）年11月制定）第26条、「世界人権宣言」（1948（昭和23）年12月10日採択）第26条、「経済的、社会的及び文化的権利に関する国際規約（A規約）」（1966（昭和41）年12月16日採択・1979（昭和54）年9月21日採択）第13条、「児童の権利に関する条約」（1989（平成元）年11月20日採択・日本では1994（平成6）年5月発効）第2条・第29条などの法的根拠がある。

　また、国の教育政策では、文部科学省「帰国・外国人児童生徒教育等に関する施策概要」において、①指導体制の整備（日本語指導等、特別な配慮を要する児童生徒に対応した教員の配置）、②教員研修等（「外国人児童生徒等に対する日本語指導のための指導者の養成を目的とした研修」の実施等）、③日本語指導等（「学校教育における JSL カリキュラム」の開発）、④調査研究等の内容を主とする政策が実施されている。これらの施策の対象は小学校以上の子どもであり、幼稚園や保育施設の子どもは対象とされていない。そして、就学前の教育・保育の基盤である「保育所保育指針」「幼稚園教育要領」「認定こども園教育・保育要領」では、その解説に外国籍の子どもへの配慮や多様な文化にふれる経験の意義等が記述されていたが、今回の改訂（2017（平成29）年3月31日）では、保育内容の「環境」と保育の配慮事項として盛り込まれている。そこに示された多文化教育・保育の視点は、幼児の日本語の習得の程度や生活への適応力、異文化にふれる活動を通しての国際理解の意識の芽生えおよび異文化を相互尊重する心を育成、多国籍家庭状況に応じての特別配慮と支援等に焦点が置かれている。

多文化保育・教育の歴史

　「多文化」の概念に関しては、マイノリティ運動の成果が急速に法整備化されたアメリカの多文化社会にかかわる用語が多くを占めている。すなわち、アメリカの初期の移民社会は国家政策としての'同化（assimilation）'が社会的潮流になっていくなかで、'メルティングポット論'がめざすべきアメリカの理想として重要な役割を果たした。そして1960年代の公民権運動を経て、多文化主義は「虹」と「サラダボウル」の言葉で象徴されるようになる。「虹」は、7色がそれぞれの輝きを保ちながら一つの美しい色彩的調和をもつ意味として異文化の共存と調和の意味であり、「サラダボウル」は、それぞれの野菜が溶けあってしまうのではなく、むしろその特長をいかしながら、ドレッシングをかけておいしい一つの味を作りだすサラダ、そしてアメリカ社会をその器にたとえて、「サラダボウル」という比喩に使われるようになった。これは1980年代後半になると、人種・民族的要素に加え、身体的・精神的障害、性的指向、性別（ジェンダー）などにかかわるマイノリティグループすべてを含めた、社会の多様化を求めるダイバーシティ（Diversity）の思想が語られるようになる[*2]。

　このような多文化の概念の変遷は、日本の「多文化教育」の概念に反映されており、現在の多文化教育・保育の概念は、性、社会階級、障害といった差別を克服する教育といった概念が重要視され、その対象は、女性、高齢者、低所得者、障害者といったいわゆる社会的弱者にまでその概念の範囲が拡大されている。

[*2]　多文化共生キーワード事典編集委員会編『多文化共生キーワード事典』明石書店, p.13, 2004.

Step 2

> **演習 1**　保育現場における外国人の保護者とのコミュニケーションを図るための言語支援について考えてみよう

課題

　日本語が話せない多文化家庭の保護者に対する支援としては、保育現場における生活や行事等を伝えるために、イラストや写真などを用いるなどさまざまな工夫が必要である。

　保育現場での日常生活および行事等について、イラストを用いて伝える方法について個人・またはグループで考えて、イラストだよりを作成して発表しよう。

進め方

- **準備物：画用紙（四つ切り）、色鉛筆、水性マーカー**

① 　4人～6人の小グループをつくり、本課題についてディスカッションを行う。保育現場の生活だよりや年間行事（遠足、誕生会、泊まり保育、運動会、その他）の中からテーマを決め、内容や留意点等について話し合う。

② 　画用紙（四つ切り）に色鉛筆や水性マーカー等でイラストを描いたり、写真などを貼る等、イラストだよりを作成する。

③ 　小グループで作成したイラストだよりを発表し合い、自己評価および相互評価を行い、リフレクションシートに振り返りや本活動から気づいた点等を書く。

④ 　評価および振り返りの観点：作成したイラストだよりの評価の観点は、伝えようとする内容が表現されているかどうか、イラストの内容が分かりやすいかどうか、文字を含む場合はひらがなで書くこと等である。振り返りの観点は、本活動を通して多文化家庭の保護者への支援について気づいた点を書くことである。

資料：イラストだより（2014年度「多文化保育論」学生作成、筆者撮影）

Step2 プラクティス

演習2　多文化保育に関する理論的な理解と保育実践について考えてみよう

多文化保育の概念である「尊敬」「公平」「反偏見」等に関する絵本リスト紹介表を作成して発表しよう。

課題

多文化保育概念である①尊敬（子どもの自己への尊重(そんちょう)、他者への尊重、命の尊重、生き方の尊重等の育ち）、②公平（順番、分かちあい、不公平、命の公平等に関する認識）、③反偏見（子ども、大人、障がいのある人、いろいろな国の人々等に関する反偏見意識の育ちは人権保育の意識および多様性の視点）[*3]にかかわる絵本を選び、紹介表を作成しよう。

進め方

（1）上記の①から③の概念に該当する絵本を選び、「絵本リスト紹介表」を作成する。
（2）各自作成した「絵本リスト紹介表」をみんなの前で紹介し、その中から1冊を選び読み聞かせを行う。
（3）各自のリフレクションシートに、本活動を通して多文化保育の概念についての自分の認識について考えたうえ、本活動を通しての新たな認識やイメージづくりで気づいた点を書く。

図表15-1　絵本リスト紹介表

名前（　　　　　　　　　　　　）

絵本題目	
（概念）	（　　　　　　　　　　　　　　）
概要	

[*3] 特定非営利活動法人ちゃいるどネット大阪『人権保育のための絵本ガイド―子どもが輝くために』p.7, p.39, p.71, 2011.

演習3　多文化保育内容を理解し、保育実践活動について考え、計画してみよう

課題

　下記は、現行の「幼稚園教育要領」「保育所保育指針」「幼保連携型認定こども園教育・保育要領」における多文化保育関連の内容をまとめたものである。

> ○「海外から帰国した幼児や生活に必要な日本語の習得に困難のある幼児については、安心して自己を発揮できるよう配慮するなど個々の幼児の実態に応じ、指導内容や指導方法の工夫を組織的かつ計画的に行うものとする。」(「幼稚園教育要領」第1章総則第5-2、「幼保連携型認定こども園教育・保育要領」第1章総則第2-3)
> ○「文化や伝統に親しむ際には、正月や節句など我が国の伝統的な行事、国家、唱歌、わらべ歌や我が国の伝統的な遊びに親しんだり、異なる文化に触れる活動に親しんだりすることを通じて、社会とのつながりの意識や国際理解の意識の芽生えなどが養われるようにすること。」(「幼稚園教育要領」第2章「環境」、「保育所保育指針」第2章3(2)ウ「環境」、「幼保連携型認定こども園教育・保育要領」第2章第3「環境」)
> ○「子どもの国籍や文化の違いを認め、互いに尊重する心を育てるようにすること」(「保育所保育指針」第2章4(1)オ、「幼保連携型認定こども園教育・保育要領」第2章第4(5))
> ○「外国籍家庭など特別な配慮を必要とする家庭の場合には、状況等に応じて個別の支援を行うよう努めること。」(「保育所保育指針」第4章2(2)ウ、「幼保連携型認定こども園教育・保育要領」第4章第2-7)

　上記に示されている保育の内容「環境」領域の解説には「・・我が国の伝統的な遊びをしたり、様々な国や地域の食に触れるなど異なる文化に触れたりすることを通じて、文化や伝統に親しみをもつようになる。・・(中略)」[4]と書かれている。この内容をふまえ、多様性に応じた保育内容を構成し、指導計画を作成しよう。

進め方

　満5歳児(30名)を対象に、上記の領域「環境」内容に関連して、5領域の総合的な視点をふまえ、活動を計画(ねらい・環境構成・準備物・方法)してみよう。

---

[4]　内閣府・文部科学省・厚生労働省『幼保連携型認定こども園教育・保育要領解説』フレーベル館, p.273, 2018.

Step1 **Step2 プラクティス** Step3

図表15-2 部分指導計画案

月　　日　　曜日	天候	場所	組
氏名　　　　　　　　印		歳児	名

ねらい	主な活動

時間	環境の構成	予想される子どもの活動	保育者の援助と留意点

＜反省・評価＞

第15講　多様な支援ニーズをかかえる子育て支援家庭の理解

Step 3

多文化保育実践アプローチにおける2つの視点と保育者の専門性

　Step 1 と Step 2 では、日本における多文化社会の現状と政策的変遷(へんせん)の特徴、多文化保育・教育の概念や実践アプローチについて理解した。さらに保育現場における実践アプローチに関する学習を基に、多文化家庭の子どもと保護者の言語支援や多様性に応じた多文化共生の保育実践の絵本リストを作成し、保育内容「環境」領域にかかわる指導計画を行った。ここでは、多文化保育実践アプローチにおける視点と保育者の専門性育成について解説する。

多文化保育実践アプローチとしての支援の視点

　1つ目は、多文化家庭の子どもと保護者への支援の視点である。具体的に、外国籍の子どもをはじめ、さまざまな文化を背景にもつ子どもの言語や食事等の生活にかかわる支援や保護者とのコミュニケーションにかかわる支援である。

　日本語を母語としない子ども・保護者や日本人の子ども・保護者の両方に、子どもの成長・発達の権利と原則を共有することに必要な視点である。

　多文化保育における最も必要な支援は、言語支援が最も多いという結果になっている[*5]。特に日本語が話せない外国人の保護者とのコミュニケーション時の通訳の要望、また、言葉だけでは伝えられない保育者や保護者の両方における文化の違いに関する通訳の難しさの問題が浮かび上がってきている。

　次に、食に関する支援である。多文化保育における食の問題は、今までは宗教的配慮として考えられてきたが、最近では、母国と日本との食文化の違いによる日本食への適応が難しいという問題が生じている。それは、現在の保育課題である食育の推進の観点からも保育者がかかえる保育課題である。

多様性に応じた多文化保育の視点

　2つ目は、多様性に応じた多文化保育実践の視点である。これは「保育所保育指針」や「幼保連携型認定こども園教育・保育要領」の「保育の実施に関して留意すべき事項」において「子どもの国籍や文化の違いを認め、互いに尊重(そんちょう)する心を育てるようにすること」と明記されているように、「保育士等は、自らの感性や価値

[*5] 韓在熙「多文化保育実践における保育者の認識についての研究―八尾市の事例から―」『四天王寺大学紀要』第65号, p.447, 2018.

観を振り返りながら、子どもや家庭の多様性を十分に認識し、それらを積極的に認め、互いに尊重し合える雰囲気をつくり出すことに努めることが求められる」。その活動としては「外国籍の保護者に自国の文化に関する話をしてもらったり、遊びや料理を紹介してもらったりするなど、保育において子どもや保護者が異なる文化にふれる機会をつくるといったことができるよう、子ども同士のかかわりを見守りながら、適切に援助していく。その際、外国籍の子どもの文化だけではなく、宗教や生活習慣など、どの家庭にもあるそれぞれの文化を尊重することが必要である」[*6]。日本の保育現場で実施されている環境を通して行う保育、遊びを中心とする保育や年中行事等の保育実践を見直して多文化保育の視点を取り入れた実践として行うことである。

これに関連して、今までの日本の多文化保育研究では、移民社会から出発している欧米の保育実践の取り組みとして、保育現場での幼児の日常生活全般を取り巻く遊具や教材など、環境のなかに多様な文化からのものを取りそろえていることや、世界の行事・衣・食・住などの文化に関する実践活動事例を紹介している。特に、日本と同様な多文化共生社会の背景をもつ韓国においても、伝統的な生活文化や年間行事を中心とする多文化保育プログラムが実践されている。

多様性に応じた保育実践の視点は、異なる文化を相互理解し、認めあい、学びあい、支援しあうといった多様性の尊重と相互共存・共生の統合的な視点として重要であり、両方のアイデンティティー形成においても有意義なものである。

多文化保育における保育者の専門性の育成

多文化保育における保育者の資質と専門性としては、多様性に関する保育者自身の認識や多様性に応じた保育・教育実践を行うのに必要な知識と実践力が必要である。すなわち、保育者は、今後の多様化していく社会において、外国にルーツをもつ子どもや日本人の子どもに対して、多様性の意識を育むことが必要であり、そのため、まず保育を行う保育者自身の多様性に関する認識をもつことや多様性に応じた保育・教育の理論的知識や保育方法等の実践力を育成することが必要である。

そして、保育者養成課程および現職教育における多文化保育に関する科目設定や教育カリキュラムの構築が必要である。さらに今後の多様化していく社会に対応できる子育て支援の取り組みとして、多文化家庭が多い地域だけではなく、すべての地域の子育て支援の視点から地域社会と連携した持続的な支援が必要である。

[*6] 厚生労働省編『保育所保育指針解説』フレーベル館, p.287, 2018.

参考文献

- 文部科学省「帰国・外国人児童生徒教育等に関する施策概要」
  http://www.mext.go.jp/a_menu/shotou/clarinet/003/001.htm（2018年12月26日閲覧）
- 総務省「多文化共生の推進に関する研究会報告書」——多文化共生の推進に向けて——2006年3月
  http://www.soumu.go.jp/kokusai/pdf/sonota_b5.pdf（2018年12月26日閲覧）
- 多文化共生事例集作成ワーキンググループ，総務省「多文化共生事例集2017——共に拓く地域の未来」2017年3月
  www.soumu.go.jp/main_content/000474104.pdf（2018年12月26日閲覧）
- 多文化共生キーワード事典編集委員会編『多文化共生キーワード事典』明石書店，2004.
- 咲間まり子編『多文化保育論』みらい出版，2014.
- 三井真紀・韓在熙・林悠子・松山有美「日本における多文化保育の政策・実践・研究の動向と課題」『九州ルーテル学院大学 VISIO』47号，2017.
- 韓在熙「多文化社会における教育・保育の実践課題を考える」『四天王寺大学教育実践論集』第4号，2017.
- 韓在熙「多文化保育実践における保育者の認識についての研究——八尾市の事例から」『四天王寺大学紀要』第65号，2018.

COLUMN　多文化保育・教育の概念

　1歳から3歳までの子どもは「社会的規範」と「偏見（へんけん）」に影響される可能性があると定義したルイス・ダーマン・スパークス（Louise Derman-Sparks）は、2歳～9歳までの時期に着目し、アンチバイアス教育（anti-bias education）の重要性を提唱した。幼児期の多文化保育研究では、3歳前後の子どもは周りの大人や環境によって偏（かたよ）った見方が固定化される時期とし、早いうちから偏見をもたないような努力として多文化教育が必要であることを強調したルイス・ダーマン・スパークスの理論が注目された[*7]。このようなアンチバイアス教育理論をもとに、日本の多文化保育研究では、多文化保育・教育の概念について、「保育者が保育の過程において平等と共生さらに人間としての尊厳のもとに、人種、民族、社会、経済階層、ジェンダー、障害等の差別にかかわる社会問題に取り組み、生涯にわたる学習の初期段階として、幼児に対し、地球市民としての資質、すなわち民主的な判断力を育成する保育実践」[*8]という意味としてとらえられている。

（韓　在熙）

---

*7　丸山（山本）愛子・丸山恭司「多文化教育の実践が保育者に問いかけるもの——アメリカの事例から」『保育学研究』第37巻第1号，日本保育学会編集委員会，p.24，1999（Louise Derman-Sparks, Empowering Children to Create a Caring Culture in a World of Differences, Childhood Education, 70-2, pp.66-71, Winter 1993/94.（再引用）

*8　萩原元昭『多文化保育論』学文社，p.7，2008.

参考資料

参考資料 全国保育士会倫理綱領

　すべての子どもは、豊かな愛情のなかで心身ともに健やかに育てられ、自ら伸びていく無限の可能性を持っています。

　私たちは、子どもが現在（いま）を幸せに生活し、未来（あす）を生きる力を育てる保育の仕事に誇りと責任をもって、自らの人間性と専門性の向上に努め、一人ひとりの子どもを心から尊重し、次のことを行います。

　　私たちは、子どもの育ちを支えます。
　　私たちは、保護者の子育てを支えます。
　　私たちは、子どもと子育てにやさしい社会をつくります。

　（子どもの最善の利益の尊重）
1．私たちは、一人ひとりの子どもの最善の利益を第一に考え、保育を通してその福祉を積極的に増進するよう努めます。

　（子どもの発達保障）
2．私たちは、養護と教育が一体となった保育を通して、一人ひとりの子どもが心身ともに健康、安全で情緒の安定した生活ができる環境を用意し、生きる喜びと力を育むことを基本として、その健やかな育ちを支えます。

　（保護者との協力）
3．私たちは、子どもと保護者のおかれた状況や意向を受けとめ、保護者とより良い協力関係を築きながら、子どもの育ちや子育てを支えます。

　（プライバシーの保護）
4．私たちは、一人ひとりのプライバシーを保護するため、保育を通して知り得た個人の情報や秘密を守ります。

　（チームワークと自己評価）
5．私たちは、職場におけるチームワークや、関係する他の専門機関との連携を大切にします。
　また、自らの行う保育について、常に子どもの視点に立って自己評価を行い、保育の質の向上を図ります。

　（利用者の代弁）
6．私たちは、日々の保育や子育て支援の活動を通して子どものニーズを受けとめ、子どもの立場に立ってそれを代弁します。
　また、子育てをしているすべての保護者のニーズを受けとめ、それを代弁して

いくことも重要な役割と考え、行動します。

(地域の子育て支援)

7．私たちは、地域の人々や関係機関とともに子育てを支援し、そのネットワークにより、地域で子どもを育てる環境づくりに努めます。

(専門職としての責務)

8．私たちは、研修や自己研鑽を通して、常に自らの人間性と専門性の向上に努め、専門職としての責務を果たします。

社会福祉法人　全国社会福祉協議会
全国保育協議会
全国保育士会

索引

あ〜お

- アイデンティティー 177
- アウトリーチ 37
- Action 69
- アスペルガー症候群 134
- アセスメント 36,38,124
- アセスメント・プランニングシート 70
- 遊び 60
- アタッチメント 158
- 新しい社会的養育ビジョン 161
- アフターケア 159
- アプローチ 157
- 育児 2
- 育児ストレス 150
- 育児相談 8
- 育児不安 49
- イクメン 106
- 意見表明権 158
- 医師 86
- 意識障害 150
- 一時保育 99
- 一時保護 133,144
- 一体的 2
- 一般型 92
- 意図的な感情の表出 16
- 異年齢 3,93
- 異文化 170
- 意欲 3
- 医療型児童発達支援 121
- 医療行為 151
- 医療ネグレクト 151
- 医療費 84
- インターベンション 36
- インテーク 36
- インフォーマル 84
- インフォームド・コンセント 38
- ウェルビーイング 24
- うつ病 134
- 栄養士 72
- ABC分析 123
- エコマップ 39
- エバリュエーション 63,36
- エピソード 108
- 援助技術 60
- エンゼルプラン 8
- 園だより 54
- 園長 74
- 延長保育 29
- 園庭開放 99
- エンパワメント 37,39
- お便り帳 97
- 親子分離 160

か〜こ

- 外国人労働者 168
- 解説 60
- カウンセリング 133
- 加害者 153
- 核家族化 94
- 学習支援拠点 161
- 学習障害 120
- 家族形態 109
- 家族療法 158
- 家族療法事業 164
- 課題 36
- 課題解決 36
- 価値観 63
- 家庭裁判所 144
- 家庭支援 157
- 家庭支援専門相談員 164
- 家庭的養護 160
- 家庭復帰 160
- 環境 54
- 環境構成 60
- 環境変化 68
- 関係構築 60
- 監護 156
- 看護師 72
- カンファレンス 39,75
- 管理的機能 80
- 気づき 37
- 気になる子 142
- 虐待 15,49
- 虐待リスク 157
- キャリアパス 82
- 教育委員会 85
- 教育課程 23
- 教育的機能 80
- 強化 124
- 境界性人格障害 134
- 共生 177
- 共存 177
- 共通理解 68
- 協働 5,32,68,72
- 記録 62
- クライエント 16
- グループスーパービジョン 80
- グローバル化等に対応する人材力の強化 169
- 経過記録用 70
- 軽度発達障害 156
- ケース会議 68
- ケース検討会 54,68
- ケースワーク 16
- 決定 54
- 幻覚 134
- 健康福祉センター 141
- 言語化 39,62
- 降園 72
- 肯定 124
- 公的責任 2,156
- 行動 8
- 行動分析学 123
- 行動見本の提示 60
- 広汎性発達障害 134
- 高齢者施設 93
- 高齢者人口 26
- 国際協力 168
- 国際結婚 168
- 国際交流 168
- 国立社会保障・人口問題研究所 26
- 孤食 161
- 誤食 105
- 個人情報 68
- 個人スーパービジョン 80
- 子育てサロン 94
- 子育て支援 5,14
- 子育て支援センター 8
- 子育て世代包括支援センター 110
- 言葉 8
- 子ども・子育て支援新制度 22
- 子ども食堂 161
- 子ども手当 84
- 子どもの権利 158
- 子どもの権利条約 144
- 子どもの最善の利益 3
- 子どもの貧困 27
- 子どもの福祉 32
- 個別化 16
- 個別支援計画 124
- 個別対応 158

個別対応職員 …… 164	疾病 …… 156	承認 …… 60
個別的な支援 …… 11	指導 …… 14	情報提供 …… 60
個別の支援 …… 29,32	児童家庭支援センター …… 165	ショートステイ …… 165
コミュニケーション …… 97	児童館型 …… 9	初期の訴え …… 37
孤立化 …… 26,157	児童虐待 …… 27,132	職位 …… 74
根拠 …… 36	児童虐待相談 …… 88	食育 …… 158
コンサルテーション …… 81	児童虐待の防止等に関する法律 …… 132,144	職員の資質向上 …… 73
こんにちは赤ちゃん事業 …… 88	指導計画 …… 22,36	職業指導員 …… 164
混乱期 …… 32	児童指導員 …… 86	食事 …… 8
	児童自立支援施設 …… 156	職場定着 …… 81
## さ〜そ	児童心理司 …… 86	食文化 …… 176
	児童相談所 …… 15,85,156	職務内容 …… 74
再設定 …… 60	児童発達支援 …… 121	食物アレルギー …… 72
在留外国人 …… 168	児童発達支援事業所 …… 121	助言 …… 60
作業療法士 …… 81	児童発達支援センター …… 88,121	助産師 …… 111
里親 …… 86,156	児童票 …… 70	ショック期 …… 32
里親委託 …… 161	児童福祉司 …… 86	自立援助ホーム …… 156
里親支援専門相談員 …… 164	児童福祉施設 …… 14	自立支援 …… 133
サラダボウル …… 171	児童福祉司 …… 73	自立支援計画 …… 58,159
産後うつ …… 27	児童福祉法 …… 2,23,86	自立生活 …… 160
ジェノグラム …… 39	児童扶養手当 …… 86	事例検討会 …… 68
支援 …… 44	児童養護施設 …… 58,86,156	神経症 …… 134
支援計画 …… 49,124	自閉症 …… 134	人口減少社会 …… 26
ジェンダー …… 171	自閉症スペクトラム障害 …… 120	心情 …… 3
支援的機能 …… 80	社会資源 …… 39,84	新生児 …… 141
支援の終結 …… 68	社会性 …… 8	身体障害者福祉法 …… 86
支援プログラム …… 128	社会的使命 …… 74	身体的虐待 …… 88,150
支援目標 …… 48	社会的養護 …… 58,156	身体的暴力 …… 132
歯科衛生士 …… 111	社会的養護の課題と将来像 …… 160	人的環境 …… 4
自己決定 …… 10,16,37	社会福祉 …… 92	信頼関係 …… 4,23
自己決定権 …… 158	社会福祉士 …… 111	心理的虐待 …… 88
自己研鑽 …… 74	社会問題 …… 157	診療所 …… 87
自己肯定感 …… 158	就学前 …… 94	心理療法 …… 158
自己実現 …… 39	就労 …… 109	心理療法担当職員 …… 164
自己選択 …… 54	守秘義務 …… 15	睡眠 …… 8
仕事・子育て両立支援事業 …… 110	受容 …… 15,16,128	スーパーバイザー …… 80
自己評価 …… 63	巡回相談 …… 142	スーパーバイジー …… 80
事後評価 …… 63	障害 …… 44,49	スーパービジョン …… 39,80
支持 …… 60	障害児 …… 129	スクリーニング …… 87
思春期 …… 152	障害児支援 …… 88	スティグマ …… 166
施設長 …… 74	障害受容 …… 32	ステップファミリー …… 154
施設の保育士 …… 73	障害特性 …… 88,125	ストレングス …… 39
自然環境 …… 4	小学校 …… 69,88	スモール・ステップ …… 32
事前評価 …… 62	小規模保育事業 …… 73	生育状況記録用紙 …… 70
自尊心 …… 157	少子化 …… 94	生活援助 …… 60
市町村 …… 85	少子化白書 …… 26	生活環境 …… 104
市町村児童福祉関係課 …… 141	少子高齢 …… 26	生活困窮者自立支援事業 …… 161
市町村保健センター …… 73,85	情緒 …… 8	生活保護法 …… 86
悉皆性 …… 166	情緒障害児短期治療施設 …… 156	性教育 …… 158
実践アプローチ …… 176	情緒の安定 …… 3	生産年齢人口 …… 26

脆弱性	27
精神疾患	104
精神的・性的暴力	132
性的虐待	88,151
セーフティネット	161
世界人権宣言	170
世代間連鎖	157
接近禁止命令制度	147
全国保育士会	5
全国保育士会倫理綱領	5
全体的な計画	36
専門性	69
専門的ケア	158
早期治療	8
早期発見	8,87
送迎時	98
相互作用	4
相互補完性	159
相互理解	14,23
ソーシャルワーク	60
総人口	26
相対的な貧困率	157
相談	60
相談記録票	70
組織的	74
卒園	63

た〜と

体験の提示	60
対人援助	36
体制構築	54
代替養護	86
態度	3
第二種社会福祉事業	9
ダイバーシティ（Diversity）	171
多国籍家庭	109,168
他者評価	63
他職種	68
多職種	68
他職種	72
立ち入り調査	144
多文化共生社会	168
多文化保育・教育	168
多面的	38
多様化	84
多様性	168
短期目標	48
地域	93
地域子育て拠点事業	9
地域子育て支援	85
地域子育て支援拠点事業	72,92,110
地域子育て支援センター事業	8
地域子ども・子育て支援事業	110
地域支援	160
地域社会	22
地域における多文化共生推進プラン	168
チーム	68
チームアプローチ	159
チームワーク	68,104
Check	69
知的障害	120
知的障害者福祉法	86
注意欠如・多動性障害（ADHD）	120
中間評価	63
長期目標	48
長時間労働	27
町内会	153
調理員	111
通告	89,144
DV	132
DV 防止法	132
転園	63
展開	44
Do	69
同一職種	72
登園	72
統御された情緒関与	16
統合失調症	134
特別支援学校	88
特別支援コーディネーター	111
特別な配慮	49,104
特別養子縁組	161
ドメスティック・バイオレンス	132
共働き家庭	96
トラウマ	156

な〜の

内容	36
ニーズ	32,36,96
二重のダメージ	157
日本国憲法	170
日本再興戦略	169
乳児院	58,86,156
乳児家庭全戸訪問事業	88
乳幼児	2
乳幼児健診	87
認定こども園	9,88
認定こども園法	23
ネグレクト	88,151
ねらい	36
年少人口	26
年長児	54

は〜ほ

バーンアウト	80
配偶者からの暴力の防止及び被害者の保護等に関する法律	132
配偶者暴力相談支援センター	133
売春防止法	133
バイステック（F.P.Biestek）	16
バイステックの7原則	16
排泄	8
発育	8,120
発達	120
発達援助	60
発達過程	2
発達障害	134
発達障害者支援法	134
発達特性	128
発達の見通し	32
バルネラビリティ	27
PDCA サイクル	68
引きこもり	152
被虐待児童	156
非審判的態度	16
ひとり親家庭	27,84,86
否認期	32
秘密保持	15,16
評価	62
評価記録用紙	70
病児保育	29
ひろば型	9
貧困家庭	109
ファミリーサポート・センター事業	111
ファミリーソーシャルワーカー	164
ファミリーホーム	156
フェイスシート	70
フォーマル	84
フォスタリング機関	161
フォローアップ	75
福祉系 NPO	161
福祉三法	86
福祉事務所	85
福祉六法	86
父子家庭	86
婦人相談所	133
物的環境	4

- 物理的環境の構成 …… 60
- 不適応行動 …… 152
- 不登校 …… 152
- プライバシー …… 10
- プライバシーの保護 …… 15
- プライベート …… 104
- Plan …… 69
- プランニング …… 36
- プロセス …… 32,36
- ペアレント・トレーニング …… 129
- 弁護士 …… 81
- 保育 …… 2
- 保育環境 …… 3
- 保育参観 …… 153
- 保育室開放 …… 99
- 保育士等キャリアアップ研修ガイドライン …… 82
- 保育士不足 …… 81
- 保育者 …… 37
- 保育所 …… 88
- 保育所等訪問支援 …… 88,121
- 保育所保育 …… 2
- 保育所保育指針 …… 2,109
- 保育所保育指針解説 …… 14,60,109
- 保育ソーシャルワーク …… 24
- 保育ニーズ …… 84
- 放課後児童クラブ …… 110
- 放課後等デイサービス …… 121
- 包括的支援体制 …… 161
- 放任 …… 86
- 保健 …… 3
- 保健医療 …… 87
- 保健サービス …… 87
- 保健師 …… 73
- 保健指導 …… 87
- 歩行 …… 8
- 保護者 …… 4,37
- 保護者会 …… 153
- 保護者支援 …… 85
- 母子及び父子並びに寡婦福祉法 …… 86
- 母子家庭 …… 86
- 母子家庭等医療費等助成 …… 86
- 母子家庭等自立支援 …… 86
- 母子健康手帳 …… 87
- 母子生活支援施設 …… 156
- 母子保健法 …… 147
- ボランティア …… 85

ま～も

- マイノリティ運動 …… 171
- マネジメント研修 …… 82
- 未熟児 …… 141
- ミドルリーダー …… 82
- 民生委員 …… 87
- 民生委員・児童委員 …… 85
- 名称 …… 14
- 面前DV …… 152
- 妄想 …… 134
- 燃えつき症候群 …… 80
- 目標達成 …… 68
- モニタリング …… 60

や～よ

- 役割分担 …… 74
- 遊戯療法 …… 164
- 揺さぶられ症候群 …… 150
- 養育機能 …… 144
- 養育相談支援 …… 157
- 養護及び教育 …… 2
- 要支援家庭 …… 159
- 要支援児童 …… 160
- 幼児期 …… 22
- 幼児教育施設 …… 109
- 幼稚園 …… 88
- 幼稚園教育要領 …… 22,109
- 要保護児童対策地域協議会 …… 85
- 幼保連携型認定こども園教育・保育要領 …… 10,109

ら～ろ

- リーダーシップ …… 74
- 理学療法士 …… 81
- 離職防止 …… 81
- 離職率 …… 81
- リハビリテーション …… 81
- リフレーミング …… 161
- 療育センター …… 85
- 利用者支援事業 …… 110
- 臨床心理士 …… 81
- 臨床発達心理士 …… 111
- 倫理観 …… 5
- レジリエンシー …… 158
- レジリエンス …… 27
- 連携 …… 72
- 連携型 …… 92
- 連続性 …… 5
- 連絡帳 …… 44,97
- 老人福祉法 …… 86

わ～ん

- ワーカー …… 16
- ワーク・ライフ・バランス …… 55
- ワンオペ育児 …… 106

新・基本保育シリーズ

【企画委員一覧】(五十音順)

◎ 委員長　○ 副委員長

相澤　仁(あいざわ・まさし)	大分大学教授、元厚生労働省児童福祉専門官
天野珠路(あまの・たまじ)	鶴見大学短期大学部教授、元厚生労働省保育指導専門官
石川昭義(いしかわ・あきよし)	仁愛大学教授
近喰晴子(こんじき・はるこ)	東京教育専門学校専任講師、秋草学園短期大学特任教授
清水益治(しみず・ますはる)	帝塚山大学教授
新保幸男(しんぼ・ゆきお)	神奈川県立保健福祉大学教授
千葉武夫(ちば・たけお)	聖和短期大学学長
寺田清美(てらだ・きよみ)	東京成徳短期大学教授
◎西村重稀(にしむら・しげき)	仁愛大学名誉教授、元厚生省保育指導専門官
○松原康雄(まつばら・やすお)	明治学院大学学長
矢藤誠慈郎(やとう・せいじろう)	岡崎女子大学教授

(2018年12月1日現在)

【編集・執筆者一覧】

編集

西村重稀(にしむら・しげき)　　仁愛大学名誉教授、元厚生省保育指導専門官
青井夕貴(あおい・ゆうき)　　仁愛大学准教授

執筆者(五十音順)

氏名	所属	担当
青井利哉(あおい・としや)	福井医療大学講師	第8講・第12講
青井夕貴(あおい・ゆうき)	(前掲)	第4講・第5講・第12講
天谷泰公(あまや・やすひろ)	福井県総合福祉相談所長	第13講
石田慎二(いしだ・しんじ)	帝塚山大学准教授	第2講・第7講
金子恵美(かねこ・めぐみ)	日本社会事業大学教授	第3講
鈴木晴子(すずき・はるこ)	十文字学園女子大学講師	第10講
賞雅さや子(たかまさ・さやこ)	仁愛女子短期大学准教授	第6講
竹田　淳(たけだ・あつし)	社会福祉法人慶長会児童養護施設ほほ咲みの郷施設長	第11講
舘　直宏(たち・なおひろ)	元私立保育園保育士	第5講・第9講
西村重稀(にしむら・しげき)	(前掲)	第1講
橋本達昌(はしもと・たつまさ)	児童養護施設・児童家庭支援センター・子育て支援センター一陽統括所長、全国児童家庭支援センター協議会会長	第14講
韓　在熙(はん・ぜひ)	四天王寺大学短期大学部准教授	第15講
山口惠子(やまぐち・けいこ)	NPO法人はるもにあ　そだちサポーター(保育士)	第4講・第5講

子育て支援

新・基本保育シリーズ⑲

2019年2月20日 初版発行
2025年2月1日 初版第3刷発行

監　修	公益財団法人 児童育成協会
編　集	西村重稀・青井夕貴
発行者	荘村明彦
発行所	中央法規出版株式会社
	〒110-0016 東京都台東区台東3-29-1　中央法規ビル
	Tel 03（6387）3196
	https://www.chuohoki.co.jp/
印刷・製本	株式会社アルキャスト
装　幀	甲賀友章（Magic-room Boys）
カバーイラスト	K・まりこ（社会福祉法人 草笛の会 絵画療育教室）
本文デザイン	タイプフェイス
本文イラスト	小牧良次（イオジン）

定価はカバーに表示してあります。
ISBN978-4-8058-5799-1

本書のコピー、スキャン、デジタル化等の無断複製は、著作権法上での例外を除き禁じられています。また、本書を代行業者等の第三者に依頼してコピー、スキャン、デジタル化することは、たとえ個人や家庭内での利用であっても著作権法違反です。
落丁本・乱丁本はお取替えいたします。
本書の内容に関するご質問については、下記URLから「お問い合わせフォーム」にご入力いただきますようお願いいたします。
https://www.chuohoki.co.jp/contact/